V&R

Christine Hubka / Johanna Zeuner

20-Minuten-Gottesdienste mit Kindergartenkindern

Mit 15 Liedern
Illustrationen von Rebecca Mayer

Vandenhoeck & Ruprecht

KINDER IN DER KIRCHE

Bibliographische Information der Deutschen Nationalbibliothek

Die Deutsche Nationalbibliothek verzeichnet diese Publikation in der Deutschen Nationalbibliografie;
detaillierte bibliografische Daten sind im Internet über http://dnb.d-nb.de abrufbar.

ISBN 978-3-525-63005-1

Abbildungen S. 42 und 94: Kathrin Wolff
Reihengestaltung und Satz: Katja von Ruville, Frankfurt am Main
Druck und Bindung: Hubert & Co, Göttingen

Gedruckt auf alterungsbeständigem Papier.

Inhaltsverzeichnis

Vorwort: Kirche mit Kindergartenkindern

Drei verschiedene Modelle von »Kirche mit Kindergartenkindern« werden hier vorgestellt – sie sind erprobt und zur Nachahmung empfohlen; ebenso eignen sie sich als Muster für eigene Ideen.

Gottesdienste mit den Kindergartenkindern haben eine eigene kleine Form, die wiedererkennbar ist. Einige, wenige Elemente des Gottesdienstes der sonntäglichen Gemeinde sind fester Bestandteil und stellen die erkennbare Verbindung zum Gottesdienst der Erwachsenen her.

Die »Predigt« ist für Kinder dieses Alters eine Geschichte, bei der es auch etwas zum Schauen gibt, oder eine kleine bibliodramatische Form, bei der die Kinder spontan in die Handlung mit einsteigen.

Es gibt **Gottesdienste im Kirchenjahr** (1) für Advent bzw. Weihnachten, Ostern, Pfingsten und Erntedank. **Themengottesdienste** (2) meiner Kollegin Johanna Zeuner mit gestaltpädagogischem Ansatz und eigener Form erweitern das Angebot.

Stuhl- oder Sesselkreise (3) sind Raum für religionspädagogisches Arbeiten außerhalb des Gottesdienstes, im Kindergartenalltag. Sie bereiten das Thema des Gottesdienstes vor, ergänzen und vertiefen ihn oder greifen Themen auf, die die Kinder in die Gruppe hineintragen (z. B. Trennung und Trauerfall).

Die Vorschläge für die Arbeit im »Sesselkreis« können auch für Gottesdienste verwendet werden, so wie auch die meisten Gottesdienst-Geschichten – unter dem Punkt »Verkündigung« – für den Sesselkreis geeignet sind.

Lieder, die im Kindergarten erprobt wurden und inzwischen zum Teil auch von der Gemeinde gern gesungen werden, vervollständigen das Angebot.

Die Einbeziehung der Eltern in die Gottesdienste des Kindergartens eröffnet die Möglichkeit, Menschen zu erreichen, die sonst kaum oder nie Gottesdienste erleben. Darum werden in einigen Entwürfen im Verkündigungsteil ganz kurze Impulse an die Eltern angeboten. In allen Entwürfen sind sie aktiv singend einbezogen.

Mögen die Gottesdienste denen, die sich an den Entwürfen orientieren, so viel Freude und Segen bringen wie sie uns, Kinder und Erwachsene in der Evangelischen Pauluskirche, erfreut und beglückt haben.

Wien, im August 2009   *Christine Hubka*

Die Gottesdienste im Kirchenjahr

Sechs Empfehlungen

1. Vor dem ersten Gottesdienst den Kirchenraum erkunden

Je vertrauter der Raum den Kindern ist, umso entspannter werden sie den Gottesdienst mitfeiern. Ein fremder Raum kann auf manche Kinder in seiner Größe und Unüberschaubarkeit beängstigend wirken. Die Mutigen lockt er zu Erkundungen. Es gibt so viel Neues zu entdecken: Die Bilder, die riesige Osterkerze, die Farben, die Formen …

Es empfiehlt sich, mit den Kindern, die neu im Kindergarten sind, in der Woche vor dem ersten Gottesdienst den Kirchenraum zu erkunden. Ein kleiner Rundgang wird gemacht, die Gegenstände werden benannt. In das Taufbecken wird Wasser gefüllt, es wird erzählt und mit Hilfe einer Puppe gezeigt, was bei einer Taufe geschieht. Es werden nicht alle Kinder getauft sein, daher ist es wichtig, den Vorgang zu zeigen, aber keine Aussagen über Getaufte oder Ungetaufte zu machen! Spritzen Sie ruhig ein wenig. Die Kinder quietschen und finden das lustig.

Man kann in jeder Kirche ganz wunderbar Verstecken spielen. Man kann auch ausprobieren, wie viele Kinder in eine Kanzel passen oder hinter die Orgel oder unter den Altartisch.

Das ist nicht respektlos gegenüber dem Kirchenraum. Es ermöglicht den Kindern, sich den Raum anzueignen, sich in ihm vertraut und geborgen zu fühlen. Je genauer unsere Kinder den Raum erkunden durften, desto aufmerksamer sind sie dann bei den Gottesdiensten mit dem beschäftigt, was der Gottesdienst bringt.

2. Wiedererkennen

Jeder Gottesdienst sollte Elemente des Gemeindegottesdienstes zum Wiedererkennen bieten.

Der Gottesdienst mit den Kindern und Familien des Kindergartens steht im Zusammenhang mit den Gottesdiensten der Gemeinde, mit der ganzen Kirche. Viele Kinder und ihre Eltern erleben die sonntäglichen Gottesdienste nicht mit. Für sie prägen die Kindergarten-Gottesdienste das Bild vom Gottesdienst. Wenn sie eines Tages, aus welchem Grund auch immer, den Gottesdienst der Gemeinde besuchen, sollen sie dort Bekanntes, vielleicht sogar Vertrautes in all dem Neuen, Unverständlichen finden: Das Vaterunser, den Segen, das gesungene Kyrie, einen Psalm mit Leitvers …

In der Entscheidung über die Grundform, die man entwickelt, empfiehlt es sich, wiederkehrende Elemente des Gemeindegottesdienstes daraufhin zu überprüfen, ob sie sich für den Gottesdienst mit dem Kindergarten eignen. Es müssen nicht viele sein. Hat man sich jedoch einmal für zwei, drei Elemente entschieden, sollte man dabei bleiben und nicht wechseln. Denn Kinder lieben Wiederholung von Bekanntem ebenso, wie sie Neues lieben. Im Idealfall können die Kinder die immer wiederkehrenden Elemente am Ende ihrer Kindergartenzeit in- und auswendig. Sie werden sie nicht vergessen. Ein unverzichtbarer Schatz für alle weiteren Begegnungen mit ihrer Kirche!

3. Sitzplätze der Kinder

Lieber am Boden als in der Bank / Blickrichtung nach vorn

Kirchenbänke sind häufig unbequem. Für Erwachsene. Für Kinder noch mehr. Wo es räumlich möglich ist, sollten die Kinder auf Polstern am Boden sitzen. Wichtig ist, dass die Kinder nicht zu den Eltern, den Erwachsenen hinsehen, sondern die gleiche Blickrichtung haben, wie alle anderen Kirchenbesucher: Hin zum Kreuz und zum Altar. Denn es handelt sich ja um keine Vorführung der Kinder, sondern um einen gemeinsam gefeierten Gottesdienst. (Diesen Unterschied müssen manche Eltern erst lernen!)

4. Beteiligung der Erwachsenen

Fotografieren stört / Gemeinsames Singen ermöglicht gemeinsames Feiern

Die Erwachsenen neigen dazu, bei allen Aktivitäten mit ihren Kindern zu fotografieren. Das stört die Kinder und nimmt ihnen die Möglichkeit, den Gottesdienst mit ihrer ganzen Aufmerksamkeit zu erleben.

Es nimmt den Erwachsenen die Möglichkeit, selber den Gottesdienst mitzufeiern. Sie bleiben in einer Zuschauer-Haltung. Daher empfiehlt es sich, zu Beginn zu bitten, nicht zu fotografieren. (Mit der Zeit entwickelt sich eine Kultur des Gottesdienstes, wo man diese Bitte nicht jedes Mal äußern muss, sondern nur, wenn Familien zum ersten Mal dabei sind.)

Die Erwachsenen sollten ganz deutlich auch einen Part im Gottesdienst zugedacht bekommen. Sie können bei einem Lied die Strophen singen, während die Kinder den Refrain singen, den sie in der Vorbereitung des Gottesdienstes gelernt haben. (Siehe Ostergottesdienst: EG 116 »Er ist erstanden! Halleluja!«) Sie können auch allein ein Lied singen, als Geschenk an die Kinder, wenn die Kinder auch ein Lied mitgebracht haben. Sie können mit den Kindern abwechselnd Strophen eines Liedes singen …

Wer Sorge hat, dass die Erwachsenen nicht mitsingen werden, kann sich überraschen lassen. Geben Sie ihnen ein Gesangbuch in die Hand. Bitten Sie die Anwesenden, für die Kinder zu singen, und sie werden sehen: Sie tun es!

5. Orgel oder Gitarre?

Wo irgend möglich, die Orgel, falls vorhanden, miteinbeziehen / Die Gitarre kann als weiteres Instrument, auch mit Orff-Instrumentarium und Flöten hinzutreten

Zur Kirche gehört die Orgel. Die Gitarre wiederum ist das Instrument, mit dem die Kinder besonders vertraut sind, da die meisten Pädagoginnen es einsetzen, wenn sie mit den Kindern singen.

Wenn es möglich ist, sollte im Gottesdienst der Kinder auch die Orgel erklingen, brausen, mit allen Registern dabei sein. Der ganze Körper spürt den Klang der Orgel, der den Kirchenraum erfüllt.

Besprechen Sie vorher mit der Musikerin, dem Musiker, welche Musik gemacht wird: Beim Einzug zum Ostergottesdienst ein Osterlied mit allen Registern mit Tanzrhythmus. Im Advent eine Improvisation über das Lied, das die Kinder vorbereitet haben. Es kann auch ein Satz aus den »Vier Jahreszeiten« sein oder das Bachpräludium zu »Wachet auf, ruft uns die Stimme« … Hier geschieht musikalische Bildung vom Feinsten – ohne großen Aufwand. Und die Kinder werden eines Tages in einem anderen Kontext manches wieder erkennen.

6. Dauer der Gottesdienste

20 Minuten sind genug. 30 Minuten das absolute Maximum!

Auch ganz junge (Krippen-) Kinder können 20 Minuten fröhlich und entspannt dabei sein, wenn der Gottesdienst abwechslungsreich ist, sie zwischendurch aufstehen, um zu singen, oder bei der Geschichte Gebärden und Bewegungen mitmachen können – oder kleine Refrains in der Geschichte mitsprechen (siehe die Geschichte von der kleinen Raupe).

Warum sollen Kindern nicht die Hände in die Höhe werfen, wenn sie Halleluja singen? Warum nicht auch die Segenshaltung der Pfarrerin, des Pfarrers mitmachen, ganz spontan? Kinder sollen den Gottesdienst ganzheitlich mitverfolgen. Das tun sie spontan, ohne zu stören, wenn man dafür sorgt, dass sie sich nicht langweilen. Wenn nichts zu lange dauert. Wenn sie sich angesprochen und einbezogen fühlen. Und wenn ein ganz Kleines ein wenig in der Kirche herumwandert, dann macht das auch nichts.

Wenn biblische Teste gelesen werden, sollte dabei immer die große Bibel verwendet werden. Das Buch der Bücher lernen die Kinder so bereits kennen.

Eine empfohlene Grundform

1	Einzug	in einer langen Schlange mit Orgelmusik (möglichst fröhliche Musik oder Improvisationen über ein Lied, das in diesem Gottesdienst gesungen wird).
2	Begrüßung	der Eltern und der Kinder mit Hinweis auf den Anlass (Thema, Kirchenjahr …) Endet mit: Wir feiern unseren Gottesdienst im Namen Gottes, des Vaters, des Sohnes und des Heiligen Geistes.
3	Psalm mit Leitvers	Psalm in zwei Teilen; dazwischen wird von allen ein Leitvers gesungen
4	Verkündigungsteil mit Predigt, Geschichte oder Spiel	Geschichte erzählen, kurzen Bibeltext lesen (vor oder nach der Geschichte) bzw. auch nur einen Vers Wird beendet mit gemeinsamen »Halleluja-ha-ha« (EG 103 vorletzte und letzte Zeile) mit Orgelbegleitung
5	Fürbitten	Dazwischen singen alle: »Kyrie eleison« (EG 178.9)
6	Vaterunser	Von allen gesprochen
7	Segen	Aaronitischer Segen oder evtl. alternative Formulierung (Autorin empfiehlt Ersteres)
8	Auszug	In der Schlange; diesmal auf dem kürzesten Weg
9	Lied	(das die Kinder im Kindergarten gelernt haben) Kann an geeigneter Stelle gesungen werden

Erläuterung zu den Elementen der Grundform

1. Einzug mit Schlange

Kirchgang ist etwas Fröhliches. Wir tanzen in die Kirche.

Die Kinder werden vom Pfarrer / von der Pfarrerin an der Kirchentür abgeholt. Sie geben einander die Hände, sodass eine lange Schlange entsteht. Der Pfarrer, die Pfarrerin ist der leitende Kopf der Schlange.

Während die Orgel spielt, windet sich die Schlange durch die Kirche – geht am Taufbecken vorbei, umkreist den Altar o. ä., je nach räumlichen Gegebenheit. Es ist wichtig, dass der Kirchenraum ganz erfasst wird. Falls Eltern und andere Erwachsene in den Kirchenbänken sitzen, werden diese durch das Umrunden der Bänke mit der Schlange hineingenommen in den Gottesdienst. Zuletzt geht die Schlange zu den Plätzen, an denen die Kinder sitzen werden.

2. Begrüßung

Die Eltern werden ermutigt, mitzusingen. / Die Erinnerung »Bitte nicht fotografieren« hat hier ihren Platz / Die Kinder werden auf Besonderheiten im Kirchenjahr aufmerksam gemacht.

Die Begrüßung soll so kurz wie möglich sein. Denn die 20 Minuten sind bald um, und die Aufmerksamkeit der Kinder ist in den ersten 10 Minuten am höchsten. (Die der Erwachsenen auch!).

Den Erwachsenen wird die Liednummer im Gesangbuch gesagt. Eventuell wird das Lied kurz angesungen. Eine andere Möglichkeit, die mir oft besser erscheint, ist es, an der Stelle, an der das Lied gesungen wird, die erste Strophe einmal vorzusingen (Das kann, je nach Begabung, eine Mitarbeiterin des Kindergartens oder der Pfarrer, die Pfarrerin tun) – und alle singen es dann nach. Das unterbricht den Ablauf in keiner Weise, sondern bringt eine Verlangsamung, ein retardierendes Element hinein, das den Bogen aber nicht weiter stört.

Falls in der Kirche Paramente mit den Farben des Kirchenjahres zu sehen sind, werden die Kinder auf die aktuelle Farbe aufmerksam gemacht. Der Adventkranz wird gewürdigt, der Osterschmuck … alles, was das Kirchenjahr mit sich bringt, und die Zeit des Kirchenjahres wird benannt. Dazu können die älteren Kinder auch schon etwas sagen.

3. Psalm mit Leitvers

Ein Grundelement unseres Gemeindegottesdienstes / Die Poesie der Psalmen geht ins Herz

In unserer Gemeinde singt die Gemeinde zum Psalm einen Leitvers, die sogenannte Antiphon. Dazu kann man entweder eine liturgische Form wählen (in der Bayerischen Ausgabe des Evangelischen Gesangbuches sind interessante Angebote zu finden) oder einfach eine geeignete Liedzeile oder den Refrain eines Liedes verwenden. Der Pfarrer, die Pfarrerin liest dann ein Stück des Psalms, anschließend singen alle den Leitvers, dann wieder Psalm usw. Diese Form ermöglicht sehr schnell eine ruhige, und aufmerksame Stimmung. Es empfiehlt sich, beim Gottesdienst mit dem Kindergarten den Leitvers maximal dreimal, am Anfang, in der Mitte, am Ende, zu singen.

Die biblischen Psalmen bringen eine bunte sprachliche Bilderwelt in den Gottesdienst. Auch wenn die Kinder nicht den ganzen Psalm verstehen, sie hören die Worte, die Sprachmelodie … Darum bevorzuge ich die Übersetzung nach Luther. Man kann die Kinder auch bitten, genau darauf zu achten, welche Tiere z. B. in dem Psalm (z. B. Psalm 8) vorkommen. Wenn man sie nachher fragt, können sie diese aufzählen. Wichtig sind die Auswahl des Psalms und die Länge des Ausschnitts. Es sollten nicht mehr als ein paar Verse sein.

4. Verkündigungsteil

Eine Geschichte erzählen, ein kleines spontanes Bibliodrama, die Kinder greifen, schmecken, riechen, fühlen lassen / Keine pädagogisierenden Ziele

Ideal ist es, wenn im Verkündigungsteil mehrere Sinne angesprochen werden. Das Ziel der Verkündigung kann sein, dass die Kinder staunen – über die Größe und das Gewicht eines Kürbisses, über den Unterschied zwischen weichen und harten Beeren. Staunen ist ein elementarer religiöser Akt. Der Mensch, der staunend in die Welt sieht, wird wertschätzend mit den Dingen, die er hier sieht, umgehen.

Das Ziel kann auch die Freude daran sein, dass ich »wunderbar gemacht« bin oder dass Gott sagt: »Keine Angst, keine Angst!«

Die Verkündigung soll frei von Ermahnungen sein. Der Gottesdienst ist nicht der richtige Ort, den Kindern etwas »beizubringen«, im Sinne von Regeln und Verhaltensänderung. Der evangelische Gottesdienst soll den Kindern Freude am Leben vermitteln.

5. und 6. Fürbitten und Vaterunser

Das gesungene Kyrie eleison (EG 178.9) ist ein Bestandteil des Gemeindegottesdienstes. Die Kinder singen es auch außerhalb des Gottesdienstes gern, wie Eltern erzählen. / Empfohlene

<u>Gebetshaltung: Die Kinder formen Schalen mit den Händen (wie beim Empfang des Brotes beim Abendmahl)</u>

Wenn die Kinder beim Verkündigungsteil gesessen sind, empfiehlt es sich, sie bei den Fürbitten aufstehen zu lassen. Sind sie im Verkündigungsteil in Bewegung gewesen, können sie bei den Fürbitten sitzen. Beim Vaterunser stehen auf jeden Fall alle.

Die Fürbitten sind am Ende des Gottesdienstes. Die Aufmerksamkeit der Kinder ermüdet. Die Kleinsten beginnen zu zappeln. Daher empfiehlt es sich, maximal drei ganz kurze Fürbitten zu formulieren. Wenn die Kinder mit den Eltern zwischen den Fürbitten das Kyrie eleison singen (EG 178.9), bleiben sie leichter dabei.

Bevor ich mit den Fürbitten beginne, zeige ich den Kindern zwei mögliche Gebetshaltungen: Die Hände zu einer Schale zusammenlegen. Oder die Hände falten. Die Schale gefällt den Kindern. Auch die kleinen Zappler finden noch einmal zur Ruhe. Die Schale der Hände stellt eine – für die Kinder nicht bewusste – Verbindung zum Abendmahl her. Wenn die Kinder eines Tages das Brot empfangen, ist ihnen diese Haltung geläufig.

Der Inhalt der Fürbitten steht in einem Zusammenhang mit dem Thema des Gottesdienstes und ist in ganz einfacher Sprache formuliert.

Das Vaterunser ist ein Gebet, das die Erwachsenen sprechen, die Kinder Stück für Stück erst mithören, dann auch mitsprechen. Am Ende des Kindergartens ist es ihnen geläufig.

7. Segen

<u>Die zum Segen ausgebreiteten Arme umfangen die Kinder und die Eltern</u>

Der Segen ist ein Stück aus dem »erwachsenen« Gottesdienst, das wiederzuerkennen ist. Gern übernehmen die Kinder den Segensgestus. Das dürfen sie gern machen, zeigt es doch, dass sie auch jetzt noch, ganz am Schluss, mit Leib und Seele bei der Sache sind.

Große Worte sind es, die da über die Kinder gesprochen werden. Worte, die auch Jahrzehnte nach dem Kindergarten immer noch berühren. Manch erwachsener Mensch sagt mir: »Der Segen ist für mich das Schönste im Gottesdienst.«

8. Auszug in Schlange

<u>Der kürzeste Weg ist angesagt</u>

Wie wir hereingekommen sind, so gehen wir auch wieder hinaus: In einer langen Schlange. Jetzt aber ist der kürzeste Weg der beste. Denn jetzt wollen und müssen die Kinder sich frei bewegen können. Sobald wir die Kirche verlassen haben und der

Weg sicher ist, löst sich die Schlange auf. Die Kinder laufen frei zum Kindergarten hin. Das wird je nach Lage von Kirche und Kindergarten verschieden sein. Wichtig ist jedoch, dass nun wirklich freies Bewegen, freies Spiel, auch Laut-Sein, möglich ist.

9. Ein Lied, das die Kinder im Kindergarten gelernt haben

Was die Kinder gern singen, ist möglich, nicht nur »Geistliches«

Wenn die Kinder im Kindergarten ein Lied gelernt haben, das zum Thema des Gottesdienstes passt, kann es an jeder passenden Stelle gesungen werden. Dieses Lied wird dann mit Gitarre (oder Flöte) begleitet.

Wenn die Kinder ihr Lied singen, wenden sie sich nicht den Eltern zu. Sie tragen ja nicht den Eltern ein Lied vor, sondern singen es im Gottesdienst.

Gibt es bei dem Lied einen Refrain, können die Eltern gebeten werden, diesen aufzunehmen und mitzusingen. Die Strophen bleiben aber auf jeden Fall bei den Kindern.

1. Advent und Weihnachten

überm Himmel

Text und Melodie: Johanna Zeuner

ü - berm Him - mel geht ein Glän - zen, kommt von
ei - nem Stern her - bei, der uns scheint in un-se-re
Her - zen, der hat uns lieb und macht uns frei.

2. Und wenn wir zur Krippe gehen,
   scheint der Stern wohl in der Nacht.
   Wir wollen gehen und sehen und beten.
   Was hat uns Gott wohl mitgebracht?

3. Lauft und schaut, was dort geschehen:
   In der Krippe liegt ein Kind.
   Es kann uns trösten und versöhnen.
   Über dem Feld, da weht der Wind.

1.1.   Jesus und seine Familie

Vorbereiten

– Babypuppe

– Kappen und Tücher für Familienaufstellung

– Wer spielt die Rollen der Erwachsenen?

– Für die Eltern ein Gesangbuch

– Die Kinder haben Strophe 1 von »Macht hoch die Tür« im Kindergarten gelernt

Ablauf

1	Schlange
2	Eingehen auf Advent, Zahl der Kerzen, Geburtsfest Jesu; »Wir feiern diesen Gottesdienst im Namen Gottes, des Vaters, der Sohnes und des Heiligen Geistes. Amen«; alle singen die 1. Strophe von »Macht hoch die Tür« (EG 1)
3	Psalm 24 mit Bewegungen (daher entfällt der Leitvers): »Machet die Tore weit und die Türen in der Welt hoch, dass der König der Ehre einziehe!« → P
4	Jesus und seine Familie: »Jetzt im Advent warten wir darauf, dass wir in der Bibel lesen: Maria gebar ihren ersten Sohn und wickelte ihn in Windeln und legte ihn in eine Krippe. (Lk 2,7)« → V / Alle singen: Halleluja-ha-ha (EG 103 letzte Zeile)
5	Fürbittgebet entfällt
6	»Was hat Jesus gemacht, als er groß war?« – Er hat uns ein Gebet geschenkt: Alle sprechen das Vaterunser …
7	Und Gott, der Herr, begleite uns in dieser Adventszeit. Er helfe uns Warten und Hoffen und gebe uns die rechte Weihnachtsfreude. Amen.
8	Auszug

P: Psalm

Einmal vorlesen: »Machet die Tore weit und die Türen in der Welt hoch, dass der König der Ehre einziehe!« / Einmal Bewegungen vormachen; dann zweimal gemeinsam.

Machet die Tore weit ...	Arme ausbreiten
und die Türen in der Welt hoch,	Arme über dem Kopf zu einem Tor formen
dass der König der Ehren ...	Hände formen eine Krone auf dem Kopf
einziehe!	Während die Hände noch die Krone formen – Gehen auf der Stelle

V: Verkündigung

»Jetzt im Advent warten wir darauf, dass wir in der Bibel lesen: Maria gebar ihren ersten Sohn und wickelte ihn in Windeln und legte ihn in eine Krippe. (Lk 2, 7)«

Gespräch mit den Kindern

Die Mama heißt Maria. Wie heißt der Papa?

Wie die Mütter einzelner Kinder heißen. Wie die Väter einzelner Kinder heißen.

Das Baby heißt Jesus.

Babypuppe in den Arm nehmen

Maria hat ihr erstes Kind bekommen. Welches Kind hier ist ein »Erstes Kind?«

Du bist kein Baby mehr.

Das Jesuskind ist nicht immer ein Baby geblieben.

Was glaubst du, hat das Jesuskind gemacht, als es größer geworden ist?

Die Kinder sagen, was sie sich denken.

Die Bibel erzählt: Jesus hatte viele Geschwister (Mk 6,3): Jakobus, Judas, Joses, Simon. Zwei Schwestern. – Die Bibel erzählt: Jesus hatte eine Tante, die Schwester von seiner Mama (Joh 19,25). – Die Bibel erzählt: Jesus hatte einen Großvater, den Papa vom Josef (Mt 1,16).

Die große Familie aufstellen

Freiwillige Kinder stellen jeweils eine Person dar und bekommen als Mädchen oder Frau ein Tuch umgehängt, als Junge oder Mann eine Kappe aufgesetzt.

Maria und Josef werden von zwei Pädagoginnen dargestellt. Jesus wird von ei-   19 nem größeren Kind als Erstes dargestellt. (Vielleicht stellt ja auch ein Vater oder eine Mutter den Großvater und die Tante dar.)

Wenn das Bild aufgestellt ist, formen die Kinder, die zugesehen haben, mit ihren Händen einen »Fotoapparat« und »fotografieren« die Familie.

Wiederholen

Maria gebar ihren ersten Sohn und wickelte ihn in Windeln und legte ihn in eine Krippe.

Alle singen: Halleluja-ha-ha (EG 103 letzte Zeile)

1.2. Der Adventskranz

Vorbereiten

– Eine Scheibe Brot oder eine Semmel / Ein angebissener Apfel

– Ein Holzreifen mit so viel aufgeklebten Kerzen, wie der Advent im aktuellen Jahr Tage hat. Stattdessen kann man auch einen Kreis mit Teelichtern stellen.

– Eine Kerze zum Anzünden / Gesangbücher für die Eltern

Ablauf

1	Schlange
2	Eingehen auf Advent, Zahl der Kerzen; »Wir feiern diesen Gottesdienst im Namen Gottes, des Vaters, der Sohnes und des Heiligen Geistes. Amen«; alle singen die 1. Strophe von »Macht hoch die Tür« (EG 1)
3	Psalm 24 mit Bewegungen (daher entfällt der Leitvers): »Machet die Tore weit und die Türen in der Welt hoch, dass der König der Ehre einziehe!« → S. 18; P
4	Johannes 8,12: Jesus … sprach: Ich bin das Licht der Welt. Wer mir nachfolgt, der wird nicht wandeln in der Finsternis, sondern wird das Licht des Lebens haben. → V Die Kinder sagen gemeinsam den Anfang des Bibelwortes: Eine/r: Jesus sagt: … – Alle: Ich bin das Licht der Welt. / Alle singen: Halleluja-ha-ha (EG 103 letzte Zeile)
5	Fürbitte entfällt
6	Vaterunser
7	Es segne uns der barmherzige Gott, der unser Sonnenschein ist und gebe uns Licht und Wärme in unsere Herzen. Amen
8	Auszug

Johannes 8,12: Jesus … sprach: Ich bin das Licht der Welt. Wer mir nachfolgt, der wird nicht wandeln in der Finsternis, sondern wird das Licht des Lebens haben.

Gespräch mit den Kindern

Kosenamen sammeln: Beispiele: Schatzi, Mausi – Was sagen die Kinder?

Ein ganz besonderer Kosename ist: Mein Sonnenschein! Wann wirst du so genannt? Aber du bist nicht immer ein Sonnenschein. Manchmal bist du auch Regenwetter. Wann? Manchmal bist du auch Blitz und Donner. Wann?

Geschichte

Vor ungefähr 150 Jahren lebten in der großen Stadt Hamburg ein Junge, der hieß Jan, ein Mädchen, die hieß Fanny. Sie hatten kein Zuhause. Sie lebten auf der Straße. Niemand sagte zu ihnen: »Die bist mein Schatz. Du bist mein Liebling. Du bist mein Sonnenschein.« Alle sagten zu ihnen: »Geh weg. Sei still. Du störst.« Fanny und Jan hatten manchmal für einen Tag nur eine Semmel / ein Stück Brot (je nachdem, was da ist) zu essen, die ihnen jemand geschenkt hat. Und manchmal fanden sie dann noch einen angebissenen Apfel.

Eines Tages kam ein Mann zu ihnen, der hieß Johann Hinrich Wichern. Er war ein Pfarrer. Als er durch die Stadt ging, hat er ein Lied gesummt:

Die Orgel spielt ein paar Takte von EG 2: »Er ist die rechte Freudensonn …« – Die Kinder fragen, ob sie es erkennen. – Alle summen es mit.

Er hat zu Fanny und zu Jan gesagt: »Kommt mit. Ich habe ein Haus, wo ihr wohnen könnt. Ich habe essen für euch und warme Kleider.« Er ging durch die Straßen der großen Stadt Hamburg. Und fand noch viele Kinder wie Jan und Fanny. Und immer hat er dabei das Lied gesummt:

Wir summen es mit ihm.

Alle nahm er mit in sein großes Haus. Und als die Adventzeit kam, die Zeit, wo sich die Menschen auf Weihnachten vorbereiten, da dachte er sich etwas aus. Jeden Tag versammelten sich die vielen Kinder in der Kirche. Johann Hinrich Wichern las ihnen eine Geschichte vor. Sie sangen das Lied: »Macht hoch die Tür, die Tor macht weit.«

Dann zündete er am ersten Tag eine Kerze an, die auf ein großes Wagenrad gesteckt war. Am nächsten Tag waren sie wieder zusammen. Da zündete Johann Hinrich Wichern zwei Kerzen an. Am dritten Tag drei … Und so fort.

Aber an den Sonntagen zündete er eine große Kerze an. Und als dann alle Kerzen brannten, vier große und viele, viele kleine, da feierten sie das Weihnachtsfest. Das Geburtsfest Jesu, der sagt: »Ich bin das Licht der Welt, wer mir nachfolgt, wird nicht im Finsternis wandeln, sondern wird das Licht des Lebens haben.«

Eine/r: Jesus sagt: … – Alle: Ich bin das Licht der Welt.

Alle singen: Halleluja-ha-ha (EG 103 letzte Zeile)

1.3.   Wenn Gott kommt, wird alles anders

Vorbereiten

– Für diesen Gottesdienst brauchen Sie die Mitwirkung von zwei Erwachsenen
  (Pädagoginnen, Eltern)
– Eine Stehleiter (für den Darsteller des Bergs)
– Eine weiße Decke oder ein weißes Leintuch (für den Darsteller des Tals)
– Eine weiße Kappe, Hut oder dergleichen (für den Darsteller des Bergs)
– Für die Eltern ein Gesangbuch

Ablauf

1	Schlange
2	Eingehen auf Advent, Zahl der Kerzen; »Wir feiern diesen Gottesdienst im Namen Gottes, des Vaters, der Sohnes und des Heiligen Geistes. Amen«; alle singen die 1. Strophe von »Macht hoch die Tür« (EG 1)
3	Psalm 24 mit Bewegungen (daher entfällt der Leitvers): »Machet die Tore weit und die Türen in der Welt hoch, dass der König der Ehre einziehe!« → S. 18; P
4	Wenn Gott kommt, wird alles anders (Jes 40,1–5) → V Alle singen: Halleluja-ha-ha (EG 103 letzte Zeile)
5	Fürbittgebet entfällt
6	Vaterunser
7	Und es segne uns der Herr, der alles neu machen kann – und er fange bei uns an!
8	Auszug

V: Verkündigung

<u>Wenn Gott kommt, wird alles anders (Jes 40,1–5)</u>

Lesen

Es ruft eine Stimme: In der Wüste bereitet dem HERRN den Weg, macht in der Steppe eine ebene Bahn unserm Gott! Alle Täler sollen erhöht werden, und alle Berge und Hügel sollen erniedrigt werden, und was uneben ist, soll gerade, und was hügelig ist, soll eben werden; denn die Herrlichkeit des HERRN soll offenbart werden, und alles Fleisch miteinander wird es sehen; denn des HERRN Mund hat's geredet.

Erzählverlauf

Da ist also ein Berg …

Person, die den Berg darstellt, steigt auf die Leiter

Und da ist ein Tal.

Person, die das Tal darstellt, hockt sich hin

Seit Jahrhunderten leben die beiden in guter Nachbarschaft. Das Tal erzählt dem Berg: »Ich sehe die Ameisen, die Gräser, die Blumen. Die glitzernden Steine am Weg. Ich höre den Bach glucksen, der durch die Wiese fließt. In der Dämmerung zirpen die Grillen.«

Wenn das Tal erzählt, dann hört der Berg ganz aufmerksam zu. Er ist nämlich ein wenig weitsichtig, drum kann er das alles nicht erkennen. Und hören kann er die Grille und den Bach da unten auch nicht.

Aber der Berg kann erzählen, was er alles sieht. Und das Tal hört ihm gern zu. Der Berg sagt:

Der »Berg« schaut in die Weite

»Ich sehe den Bussard fliegen. Ich sehe, wie sich der Horizont an den Himmel kuschelt. Ich sehe die Wolken – sie bringen den Schnee.« Und wirklich, es beginnt zu schneien. Der Berg setzt eine weiße Haube auf.

»Berg« setzt weiße Haube auf

Schön schaut er aus. Bewundernd schaut das Tal zu ihm hinauf. »Wann bekomme ich endlich meine Schneedecke?«, fragt es. Aber es dauert noch eine Weile, bis sich das Tal unter der weißen Decke kuscheln kann.

Tal zieht weiße Decke über sich drüber

Im Frühjahr ist es dann umgekehrt. Da schmilzt der Schnee im Tal. Alles wird warm und beginnt zu wachsen.

Tal wirft Decke ab

> Der Berg möchte auch schon seine kühle Haube gegen eine warme Grasdecke tauschen.

Berg nimmt Haube ab

> So geht es Jahrtausende lang. Aber dann, kommt der Prophet Gottes, der Prophet mit dem Namen Jesaja und sagt:
>
> »Alle Täler sollen erhöht werden, und alle Berge und Hügel sollen erniedrigt werden, und was uneben ist, soll gerade, und was hügelig ist, soll eben werden.«
>
> Da freut sich der Berg Er verwandelt sich in ein Tal.

»Berg« hockt sich hin

> Er kann es gar nicht mehr erwarten, die Grille zu hören und den Bach. Und er freut sich so auf die Blumen und die Ameisen, auf alles, was er nur vom Hörensagen kennt.
>
> Und das Tal reckt und streckt sich.

»Tal« reckt und streckt sich.

> Es steigt höher und höher …

»Tal« steigt auf die Leiter

> bis es den Bussard fliegen sieht und zum ersten Mal sieht, wie der Himmel und der Horizont einander streicheln.
>
> Wenn der Berg und das Tal jetzt miteinander sprechen, haben sie das wunderbare Gefühl, dass sie einander besser verstehen. Denn das Tal kennt auch den Horizont und weiß, wie sich die Schneehaube anfühlt. Und der Berg hat noch das Plätschern des Baches und das Zirpen der Grille im Ohr.
>
> So schenkt unser Gott, denen, die sich von ihm bewegen lassen, neue Ausblicke und Einblicke auf das Leben, auf die Menschen, auf sich selbst. Und ein tieferes Verstehen. Das ist nun wahrlich nicht zum Fürchten.
>
> Es ruft eine Stimme: »In der Wüste bereitet dem HERRN den Weg, macht in der Steppe eine ebene Bahn unserm Gott! Alle Täler sollen erhöht werden, und alle Berge und Hügel sollen erniedrigt werden, und was uneben ist, soll gerade, und was hügelig ist, soll eben werden; denn die Herrlichkeit des HERRN soll offenbart werden, und alles Fleisch miteinander wird es sehen; denn des HERRN Mund hat's geredet.

Alle singen: Halleluja-ha-ha (EG 103 letzte Zeile)

1.4.   Stern über Bethlehem[1] – Weihnachtswanderung durch die Kirche

Vorbereitung

Vorhanden: Die Weihnachtsdekorationen der Kirche: Weihnachtsbaum, Advents-kranz (oder 4 Kerzen), Krippe

– Sterne für alle Kinder (ausgestanzt o. ä.); in flacher Schüssel / Schale

– Großer Pappstern am Besenstiel (zum Vorantragen)

Die Kinder erfahren, Weihnachten heißt Unterwegssein – geleitet von einem Stern.

Ablauf

1	Schlange
2	Die Kirche ist schon geschmückt. Weihnachten. Gott kommt uns besuchen. Er schenkt uns sein Kind: Jesus. – Wir feiern diesen Gottesdienst im Namen Gottes, der uns das Leben und die Liebe schenkt. Amen.
3	Lied: »Überm Himmel geht ein Glänzen« → S. 17; Gebet → B
4	Kindern wandern durch die Kirche – 3 Stationen – geführt vom Stern → V Lied: »Stern über Bethlehem«; Menschenskinderlieder, Nr. 131
5	Entfällt
6	Entfällt
7	Der Herr segne und behüte euch. Er schenke euch ein Weihnachtslicht und Frieden.
8	Auszug. Jedes Kind erhält einen Stern.

---

[1] Die »Weihnachtswanderung« gehört in das Konzept von Johanna Zeuner; vgl. dazu Einführung / Grundelemente »Themengot-tesdienste«, S.72.

B: **Gebet**

Lieber Gott,

du kommst zur Welt.

Wir warten

auf Geschenke,

auf den heiligen Abend,

auf Jesus.

Lass uns hinhören und zusehen,

was Weihnachten geschieht.

Amen.

V: **Sternenwanderung**

Die Kinder sammeln sich beim Adventskranz und beginnen singend eine Wanderung durch die Kirche – ein Leitender geht mit einem Stern voraus. Besucht werden 3 Stationen.

Wo ist der neugeborene König? Wir haben seinen Stern gesehen …(Joh 2,2)

Station I: Adventkranz

Wir haben lange gewartet.

Wir zünden hier noch einmal die Kerzen an.

Sagt mal, an wen ihr denken mögt / für wen ihr beten mögt dabei.

　Jetzt zu Weihnachten geht es nicht allen Menschen gut.

Wir bedenken das mit dem Lied: »Tragt in die Welt nun ein Licht«

　(Bitten der Kinder s. o. werden aufgenommen).

Die vier Kerzen werden entzündet, jeweils mit der Widmung an trost- oder hilfsbedürftige
Mitmenschen (Arme, Kranke, Traurige, Einsame, Waisenkinder …)

Vielleicht wisst Ihr auch, für wen der Adventkranz erfunden worden ist?

Station II: Weihnachtsbaum

Der Weihnachtsbaum: immer grün, ein Zeichen des Lebens.

Den Weihnachtsbaum betrachten, den Schmuck würdigen (Sterne, Kerzen …)

Stellt euch vor, ihr lebt in einem Land, in dem es ganz heiß ist. Die Sonne sticht, es gibt nicht viel Grün, aber es gibt Palmen und Bäume mit Früchten, Bananen zum Beispiel und Feigen.

Schließt einmal die Augen. Könnt ihr es sehen? ... Dieses Land heißt Israel.

In Israel wird ein König geboren, sagen die Leute. Das macht uns ganz neugierig; das wollen wir selber sehen. Deshalb machen wir uns jetzt auf den Weg.

»Stern über Bethlehem« Str. 3 (od. Instrumental od. CD) – Kinder gehen weiter

Station III: Krippe

Was seht Ihr hier?

Kinder erzählen lassen

Jesus ist in einem Stall geboren. Er war nicht reich. Seine Eltern waren auf der Flucht.

Und trotzdem ist es an dem Tag, als er geboren wurde, ganz hell geworden – auf der ganzen Welt.

An der Krippe singen – im Halbkreis aufgestellt:

»Da liegt es, das Kindlein, auf Heu und auf Stroh...« – EG 43 Str. 3

Im Altarraum

Kinder versammeln sich im Kreis im Altarraum. In der Mitte steht eine Schüssel mit Sternen – Kinder fassen sich an der Hand.

Wir sind am Ende unserer Wanderung angelangt – wäre der Stern nicht gewesen, hätten wir den Weg nicht gefunden – nach Bethlehem. Gott sein Dank!

Kopiervorlage: Stern

2.   Passion und Ostern

Keine Angst, keine Angst

Text und Melodie: Christine Hubka

Kei-ne Angst, kei - ne Angst, Gott will, dass du lebst, sagt das lee-re

Kreuz zu uns! Kei-ne Angst, kei - ne Angst, Gott will, dass du lebst,

sagt das lee-re Kreuz. Wir freun uns am Le-ben, klat-schen laut und

sprin-gen hoch. Wir freun uns am Le-ben, prei - sen un-sern Gott.

2. Wir freun uns am Leben, auch wenn wir mal traurig sind.

   Wir freun uns am Leben. Preisen unsern Gott.

3. Wir freun uns am Leben, wackeln mit dem Hinterteil …

4. Wir freun uns am Leben, schnippen mit den Fingern laut …

5. Wir freun uns am Leben, drehen uns im Kreis herum …

6. Wir freun uns am Leben, trocknen unsere Tränen ab …

2.1. Das Kreuz sagt: »Gott will, dass du lebst«

Vorbemerkung

In unserer Kirche hängt ein riesiges Holzkreuz ohne Corpus. Ein »Osterkreuz«, Jesus ist nicht am Kreuz geblieben und auch nicht im Grab. Das Kreuz ist für Christen das Zeichen des Lebens. Freilich wird es häufig als Zeichen des Todes interpretiert. Aber auch auf Todesanzeigen ist es das Zeichen der Hoffnung und des Lebens.

Vorbereiten

Ein von den Kindern gebasteltes Tuch, auf dem die Handabdrücke der Kinder in Kreuzform angeordnet zu sehen sind. Das Tuch hängt als Parament vor dem Altar

Gesangbücher für die Erwachsenen

Wir werden »Kreuze sprechen lassen« – Dabei hängt viel vom individuellen Raum ab. Daher: Vorab umschauen und Kreuze suchen (Altar, Taufstein, Kanzel, Fenster …), die zu Wort kommen sollen.

Ablauf

1	Schlange
2	Begrüßung
3	Psalm 118 (i. A.) mit Leitvers aus EG 116: Lasst uns lobsingen … Halleluja → P
4	»Er ist nicht hier« (Mk 16,1–6c)
5	Lebendiger Gott, weil du willst, dass wir leben, bitten wir dich … → F
6	Vaterunser
7	Segen und Lied: Lied EG 116: Eltern singen Strophe 4 / Kinder: Refrain
8	Auszug

P: Psalm

Leitvers: Lasst uns lobsingen vor unserem Gott / der uns erlöst hat vom ewigen Tod! / Sünd ist vergeben, Halleluja! / Jesus bringt Leben, Halleluja!

> Danket dem Herrn, denn er ist freundlich
>
> Und seine Güte währet ewiglich …
>
> Man singt mit Freuden vom Sieg in den Hütten der Gerechten:
>
> Die Rechte des Herrn behält den Sieg …

Alle singen den Leitvers: …

> Ich werde nicht sterben, sondern leben,
>
> und des Herren Werke verkündigen.
>
> Dies ist der Tag, den der Herr macht;
>
> Lasst uns freuen und fröhlich an ihm sein.

Alle singen den Leitvers.

V: Verkündigung

Er ist nicht hier (Mk 16,1–6c) – Lesen aus der großen Bibel

Lied EG 116: Eltern singen Strophe 1 / Kinder: Refrain / Eltern Strophe 3 / Kinder: Refrain

Ansprache »Kreuz«

Verweis auf das besondere Parament dieses Gottesdienstes (s. o.)

Unsere Hände können sprechen: Hallo, du! (winken) / Ich hab dich lieb
   (Kusshand) / Nein, nein (zeigen)

Auch das Kreuz hier in der Kirche, das Kreuz auf dem Tuch kann sprechen. Es sagt:
   »Gott will, dass du lebst.«

Verweis auf das Altarkreuz

Das Kreuz hier … ist so groß und aus Holz. Es hat eine ganz tiefe Stimme. Es flüstert
jedem, der in die Kirche kommt mit seiner tiefen Stimme zu:

Die Kinder flüstern mit tiefer Stimme: »Gott will, dass du lebst.«

Verweis auf ein kleines Kreuz, z. B. am Taufstein

Hier … ist ein ganz kleines Kreuz … Das kleine Kreuz klingt viel höher und singt,
wenn es sagt:

Die Kinder sagen und singen mit hoher Stimme: »Gott will, dass du lebst.«

Draußen auf unserer Kirche ist auch ein Kreuz; es ist aus Stein gemacht. Wir schauen
es uns nachher an. Weil es aus Stein ist, hat es eine raue Stimme:

33

Die Kinder sagen mit rauer Stimme: »Gott will, dass du lebst.«
Alle singen Halleluja–ha-ha EG 103

F:　　　　　**Fürbitte**

Lebendiger Gott, weil du willst, dass wir leben, bitten wir dich: für die ganz

kleinen Babys, dass sie gut wachsen.

Alle singen: Kyrie eleison (EG 178.9)

Wir bitten dich für unsere Omas und Opas, dass es ihnen gut geht, auch wenn sie

alt sind.

Alle singen: Kyrie eleison (EG 178.9)

Wir bitten dich für die Mama und den Papa, dass sie froh sein können.

Alle singen: Kyrie eleison (EG 178.9)

2.2.   Ostern heißt: Keine Angst, keine Angst!

Vorbemerkung

Als Vorbereitung zu diesem Gottesdienst gab es einen Sesselkreis (s. S. 102–105) zum Thema: Ostern heißt: »Keine Angst, keine Angst!«

Vorbereiten

Zu Beginn den Leitvers mit den Eltern lernen

   Die Kinder lernen im Vorfeld das Lied: »Keine Angst, keine Angst, Gott will, dass du lebst.« → S. 31

Ablauf

1	Schlange
2	Begrüßung
3	Psalm 116 i. A. mit Leitvers: Keine Angst, keine Angst, Gott will, dass du lebst … → P
4	Entsetzt euch nicht (Mk 16,1–6c)
5	Lebendiger Gott, du sagst: keine Angst, keine Angst, keine Angst … → F Wir singen: Orgel 178.9
6	Vaterunser
7	Es segne und behüte uns Gott, der Herr des Lebens. Amen
8	Auszug

P: Psalm

Leitvers

Keine Angst, keine Angst, Gott will, dass du lebst, sagt das leere Kreuz zu uns.

Keine Angst, keine Angst, Gott will, dass du lebst, sagt das leere Kreuz.

Psalm 116 i. A.

Der Herr ist gnädig und gerecht, und unser Gott ist barmherzig.

Der Herr behütet die Kinder;

wenn ich schwach bin, so hilft er mir.

Sei nun wieder zufrieden, meine Seele; denn der HERR tut dir Gutes.

Alle singen den Leitvers.

Denn du hast meine Seele vom Tode errettet,

mein Auge von den Tränen,

meinen Fuß vom Gleiten.

Ich werde wandeln vor dem HERRN im Lande der Lebendigen.

Alle singen den Leitvers.

V: Verkündigung

Entsetzt euch nicht (Mk 16,1–6c) – Lesen aus der großen Bibel

Lied EG 116: Eltern: Strophe 1 / Kinder: Refrain / Eltern Strophe 3 / Kinder: Refrain

Ansprache »Keine Angst, keine Angst« *(Die Kinder stehen auf!)*

Ostern heißt: Gott will, dass du lebst. – Was macht man beim »Leben«?

Pantomimisch: Klatschen, Schnippen, Winken, Schwimmen, Laufen, Lachen …

Oder dumme Sachen: Hasenohren, Daumen lutschen, Daumen drehen, Nasebohren …

Die Kinder machen alle Bewegungen nach. / Pfarrer/in breitet die Arme aus, sodass diese mit dem Körper die Form eines Kreuzes bilden./ Die Kinder tun das Gleiche.

Was kann man, wenn man so steht, nicht machen?

Die Kinder nennen Bewegungen, die in Kreuzhaltung nicht möglich sind; so lange bleiben alle in Kreuzhaltung stehen.

Wenn keine Nennungen mehr kommen, wird die Kreuzhaltung gelöst. (Es kann die Erleichterung, aus dieser Haltung herauszugehen, mit der Stimme und mit dem Körper ausgedrückt werden.)

Ostern heißt: Keine Angst, keine Angst, keine Angst – Gott will, dass du lebst

Lied: Keine Angst ... → S. 31

Dabei singen die Eltern den Refrain mit, die Kinder singen die Strophen und bewegen sich entsprechend dazu (klatschen, wackeln mit dem Hinterteil ...)

F: **Fürbitte**

Lebendiger Gott, du sagst: keine Angst, keine Angst, keine Angst.

Wir bitten dich für alle, die Angst haben, dass du sie beschützt.

Wir singen:

Alle singen: Kyrie eleison 178.9

Lebendiger Gott! Du lässt uns ausrichten:

Gott will, dass du lebst.

Wir bitten dich für die Tiere und für die Menschen:

Gib ihnen alles, was sie zum Leben brauchen.

2.3. Neues Leben oder: Die kleine Raupe

Vorbereiten

– Rote Mütze (= Radieschenmütze)

– Grüne Mütze (= Kohlmütze)

– Ein paar stachelige Zweige

– Gesangbücher für die Eltern

– Vom Lied »Er ist erstanden, Halleluja« wird mit den Kindern im Vorfeld der Refrain gelernt: »Lasst uns lobsingen vor unserem Gott …« = der Leitvers

– Das Lied »Fliege, kleiner Schmetterling« wird im Vorfeld gelernt → L

Ablauf

1	Schlange
2	Mit den Eltern das Lied EG 116 »Er ist erstanden …« kurz ansingen Alle singen 116, 1 + 4: Die Eltern die Strophen, die Kinder den Refrain
3	Psalm 116 i. A. mit dem Leitvers: Lasst uns lobsingen vor unserem Gott …. Halleluja (Refrain von EG 116) → P
4	Wenn nun der Geist, der Jesus von den Toten auferweckt hat, in euch wohnt, so wird er auch euch lebendig machen durch seinen Geist, der in euch wohnt. (Röm 8,11) → V und → L
5	Fürbitten mit Kyrie eleison → F
6	Vaterunser
7	Segen
8	Auszug

Leitvers

Lasst uns lobsingen vor unserem Gott / der uns erlöst hat vom ewigen Tod! / Sünd ist vergeben, Halleluja! / Jesus bringt Leben, Halleluja!

Psalm

Der Herr ist gnädig und gerecht, und unser Gott ist barmherzig.

Der Herr behütet die Kinder;

wenn ich schwach bin, so hilft er mir.

Sei nun wieder zufrieden, meine Seele; denn der HERR tut dir Gutes.

Alle singen den Leitvers

Denn du hast meine Seele vom Tode errettet,

mein Auge von den Tränen,

meinen Fuß vom Gleiten.

Ich werde wandeln vor dem HERRN im Lande der Lebendigen.

Alle singen den Leitvers

Wie leben sich verwandeln Dann, da zeigt uns die Geschichte der kleinen Raupe

V: Verkündigung

Wenn nun der Geist, der Jesus von den Toten auferweckt hat, in euch wohnt, so wird er auch euch lebendig machen durch seinen Geist, der in euch wohnt. (Röm 8,11)

Lesen / Erzählen: Die Geschichte von der kleinen Raupe

Die Geschichte wird so erzählt, dass alles, was der Kohlkopf spricht, mit tiefer Stimme gesagt wird. Alles, was das Radieschen spricht, mit einer ganz lieblichen Stimme. Alles, was der Stachelbeerbaum spricht, mit einer spitzen Stimme. Die Kinder wiederholen jeweils in der entsprechenden Stimmlage

1. Szene

In einem Gemüsegarten lebte eine kleine Raupe. An einem warmen und sonnigen Frühlingstag kroch sie durch den Gemüsegarten. Schaute hierhin und dorthin und fragte laut: »Was aus mir noch einmal werden soll?«

Kinder: »Was aus mir noch einmal werden soll?«

Sie kam am Kohlkopf vorbei und sagte wieder: »Was aus mir noch einmal werden soll?« Verächtlich schaute der Kohlkopf auf die kleine Raupe herunter und sagte mit seiner tiefen Stimme:

Grüne »Kohlmütze« aufsetzen!

»Wer bist denn du?« Und die kleinen Kohlköpfe fragten auch:

Kinder: »Wer bist denn du?«

Kohlmütze weg

Da kam die kleine Raupe zum Radieschen. Das sagte mit einer ganz lieben Stimme:

Rote »Radieschen« Mütze aufsetzen

»Wer bist denn du?« Und die jungen Radieschen machten auch eine ganz liebe Stimme und sagten:

Kinder: »Wer bist denn du?«

Radieschenmütze absetzen

Da kam die Raupe zum Stachelbeerbaum. Der schaute ganz spitz. Und hatte auch eine spitze Stimme:

Stachelbeerbaumzweige vors Gesicht halten

Er sagte: »Wer bist denn du?« Und die kleinen Stachelbeerbäume, die da standen, versuchten genauso spitz zu schauen und mit spitzer Stimme zu sagen:

Kinder: »Wer bist denn du?«

Stachelbeerbaumzweige weg

2. Szene

Im Folgenden wiederholt sich dasselbe Muster mit anderen Fragen und Antworten:

Die kleine Raupe kroch unverdrossen weiter. Jetzt fragte sie: »Was werde ich einmal können?«

Der große Kohlkopf sagte mit seiner tiefen Stimme: »Du kannst gar nichts!

Und die kleinen Kohlköpfe sagten auch mit tiefer Stimme: »Du kannst gar nichts!«

Das Radieschen sagt mit seiner lieben Stimme: »Du kannst gar nichts!« Und die kleinen Radieschen sagten mit lieber Stimme: »Du kannst gar nichts!«

Ebenso der Stachelbeerbaum. Seine Stimme war noch viel spitzer als sonst, als er sagte: »Du kannst gar nichts!« Und die kleinen Stachelbeerbäume sagten es auch … ganz spitz: »Du kannst gar nichts!«

3. Szene

In gleicher Weise die letzte Frage: Wen werde ich besuchen?

Antwort: Dich lädt niemand ein!

4. Szene

Dann klettert die Raupe auf einen Baum. Sie wurde starr und steif. Sie rührte sich nicht mehr. Da sprach der Kohlkopf mit tiefer Stimme: »Jetzt ist es aus mit ihr.«

Und alle Radieschen sagten: »Jetzt ist es aus mit ihr.«

Ebenso die Stachelbeerbäume: »Jetzt ist es aus mit ihr!«

5. Szene

Nach einigen Tagen platzte die Haut der starren Hülle. Ein Schmetterling schlüpfte heraus. Er breitete die Flügel aus und schwebte über den Gartenbeeten.

Der Kohlkopf schaute verwundert und fragte: »Wer bist denn du?«

Und die kleinen Kohlköpfe waren ganz aufgeregt und fragten auch: »Wer bist denn du?« Aber der Schmetterling gab keine Antwort. Er flatterte von Blume zu Blume.

6. Szene

Da ist ein Kind im Garten. Das hält die Hand hin und sagt: »Komm doch zu mir.« Und der Schmetterling setzt sich drauf. Das Kind sagt: »Du bist so schön. Und du kannst so wunderbar fliegen.«

Lied der Kinder → L

Fliege, kleiner Schmetterling (dabei können die Kleinsten aus der Krippe als Schmetterlinge tanzen, während die anderen Kinder singen)

L:

Fliege, kleiner Schmetterling

Text und Melodie: Christine Hubka

Flie-ge, klei-ner Schmet-ter-ling! Breit die Flü-gel aus.

Wenn die an-dern brum-mig sind, ma-che dir nichts draus.

2. Kohlkopf staunt: »Die Raupe war doch nur braun und grün.
   Doch auf deinem Flügelpaar bunte Farben blühn.

3. Setzt dich her auf meine Hand, du bist wundeschön.
   Kommst wohl aus dem Wunderland, will dich immer sehn.«

41

F: **Fürbitten**

Lebendiger Gott, du schenkst uns jeden Tag das Leben neu.

Wir bitten dich für alle, die nicht wissen,

was aus ihnen werden soll:

Alle singen: Kyrie eleison (EG 178.9)

Wir bitten dich für alle, die niemand einlädt,

dass sie zu dir kommen können

Alle singen: Kyrie eleison

Wir bitten dich für alle, die glauben, dass sie nichts können,

dass sie wissen: Wunderbar bin ich gemacht.

Alle singen: Kyrie eleison

2.4.   Traurig sein – sich freuen[2]

Vorbereitung

– bunte (leichte Jonglier-) Tücher und Steine

– Ein schwarzes Tuch; wird aufgebreitet, darauf eine rote Rose (beim Kreuz)

– Ein weißes Tuch; wird ausgebreitet, darauf eine gelbe Narzisse (beim Taufstein)

Intention: Sensibilisierung für Lob und Klage, intuitives Begreifen des Passions- und Ostergeschehens

Ablauf

1	Schlange
2	Vorfreude auf Ostern, aufs »Suchen dürfen«; heute: bunte Tücher, aber auch schwarz und weiß = traurig sein und fröhlich sein. – Wir feiern diesen Gottesdienst im Namen von Gott, der die Erde gemacht hat, der bei den Menschen bleibt, immer.
3	Lied: »Du bist da, wo Menschen leben«; Menschenskinderlieder Nr. 42
4	Aktion und Meditation; Erzählungen → A
5	Großer Guter Gott, Ostern macht uns froh. / Deine Frühlingssonne scheint hell / und schenkt uns / dein neues Leben. Amen
6	Vaterunser
7	Der Herr segne und behüte uns. Er schenke uns Sonne – draußen und drinnen. Amen.
8	Auszug

---

2   Dieser (Vor-)Ostergottesdienst gehört in das Konzept von Johanna Zeuner; vgl. dazu Einführung / Grundelemente »Themengottesdienste«, S.72.

Meditative Aktion und Erzählungen

Manchmal freuen wir uns auf dieser Welt und manchmal sind wir ganz traurig.

– Hier sind Steine, weil wir manchmal traurig sind.

– Und da sind bunte Tücher, weil wir uns oft richtig freuen.

Erzählung (1)

Jesus war auch einmal ganz traurig. Da hat er gebetet, es war ihm ganz ernst und er war ganz verlassen und dann sind seine Jünger auch noch eingeschlafen. Damals hat er ihnen das gesagt, was wir jetzt singen

Lied, z. B.: »Bleibet hier und wachet mit mir« (Taizé)

Wer mag mal erzählen, was er Trauriges erlebt hat?

Jeweils ein Kind nimmt einen Stein – erzählt – legt den Stein auf das schwarze Tuch

3 Kinder rufen / singen, während das Kind den Stein ablegt: »Bleibet hier …«

Erzählung (2)

Aber dann kam die Sonne am Ostermorgen und hat ein ganz neues Licht in die Welt gebracht: Jesus ist aufgestanden von den Toten. Er hat das Leben neu gemacht.

Die Menschen waren fröhlich und feierten ein großes Fest. Dieses Fest nennen wir Ostern. Auch die Jünger, die eben noch geschlafen hatten, waren jetzt ganz wach.

Lied: »Wir singen alle Hallelu …, Menschenskinderlieder Nr. 154

Wer mag mal erzählen, was er Fröhliches erlebt hat?

Jeweils ein Kind nimmt ein buntes Tuch – erzählt – bringt das Tuch auf ein weißes Tuch mit gelber Narzisse (evt. beim / ins Taufbecken).

»Wir singen alle Hallelu …«

3.   Pfingsten

Wunderbar bin ich gemacht
(Psalm 139, 14)

Text und Melodie: Christine Hubka

Wun-der-bar, wun-der bar, wun-der-bar bin ich ge-macht.

Wun-der-bar, wun-der-bar hat mich Gott ge-macht.

Man-che kön-nen hö-her sprin-gen, man-che kön-nen schö-ner sin-gen.

Den-noch gilt vor al-len Din-gen: Wun-der-bar bin ich ge-macht!

(evtl. Capo im 1. oder 2. Bund)

2. Manche können schneller laufen.
   Manche können viel mehr kaufen.
   Muss mir nicht die Haare raufen:
   Wunderbar bin ich gemacht.

3. Manche können besser sehen.
   Manche können mehr verstehen.
   Doch vom Kopf bis zu den Zehen:
   Wunderbar bin ich gemacht.

Zuletzt den Refrain singen:
   Wunderbar bist DU gemacht!

3.1. Turmbau zu Babel: Einander verstehen

Vorbereiten

– Gesangbücher an Eltern austeilen

– Die Kinder lernen das Lied »Sagt, wer kann den Wind sehn« im Kindergarten für den Gottesdienst – die Strophen 1, 3, 5 → L

– Für jedes Kind einen Baustein aus der Bauecke. Wird nach dem Psalm von den Mitarbeiterinnen ausgeteilt.

– PfarrerIn hat für sich einen Baustein vorbereitet. Eine Mitarbeiterin bekommt, von den Kindern unbemerkt, auch einen Baustein.

Ablauf

1	Schlange
2	Begrüßung: Lied einüben: Sagt, wer kann den Wind sehen? → L
3	Psalm 150 mit Leitvers: Lobet und preiset, ihr Völker, den Herrn (EG 337) → P
4	Und als der Pfingsttag gekommen war … (Apg 2,1–2); endet mit Halleluja-ha-ha (EG 103) → V
5	Lebendiger Gott, du machst es möglich … → F
6	Vaterunser
7	Es segne und behüte uns Gott, der Vater, der Sohn und die Heilige Geistin.
8	Auszug

L:

Sagt, wer kann den Wind sehn?

Text: Hilde Möller 1978
Melodie: Erhard Wikfeldt 1958

1. Sagt, wer kann den Wind sehn? Nie-mand kann ihn sehn;
2. Er tut gro-ße Din-ge, treibt die Wol-ken her,
3. Wer kann Got-tes Geist sehn? Nie-mand kann ihn sehn;
4. Er tut gro-ße Din-ge, lehrt uns Gott ver-traun,
5. Je-sus sagt uns al-len: "Bit-tet Gott, den Herrn,

a-ber wenn wir lau-schen, hö-ren wir sein Weh'n.
macht die Fel-der frucht-bar und be-wegt das Meer.
doch wer auf ihn war-tet, lernt ihn wohl ver-stehn.
dass wir glau-ben kön-nen, oh-ne ihn zu schaun.
dass er euch den Geist gibt, und er gibt ihn gern."

2. Er tut große Dinge, treibt die Wolken her,

   macht die Felder fruchtbar und bewegt das Meer.

3. Wer kann Gottes Geist sehn? Niemand kann ihn sehn;

   Doch wer auf ihn wartet, lernt ihn wohl verstehn.

4. Er tut große Dinge, lehrt uns Gott vertraun,

   dass wir glauben können, ohne ihn zu schaun.

5. Jesus sagt uns allen: »Bittet Gott, den Herrn,

   dass er euch den Geist gibt, und er gibt ihn gern.«

P:

Psalm

Leitvers

Lobet und preiset, ihr Völker, den Herrn!

Halleluja! Lobet Gott in seinem Heiligtum,

lobet ihn in der Feste seiner Macht!

Lobet ihn für seine Taten, lobet ihn in seiner großen Herrlichkeit!

Lobet ihn mit Posaunen, lobet ihn mit Psalter und Harfen!

Alle singen den Leitvers

> Lobet ihn mit Pauken und Reigen, lobet ihn mit Saiten und Pfeifen!
>
> Lobet ihn mit hellen Zimbeln, lobet ihn mit klingenden Zimbeln!
>
> Alles, [a]was Odem hat, lobe den HERRN! Halleluja!

Alle singen den Leitvers

V: Verkündigung

Jedes Kind bekommt einen Baustein

Lesen

Und als der Pfingsttag gekommen war, waren sie alle an einem Ort beieinander. Und es geschah plötzlich ein Brausen vom Himmel wie von einem gewaltigen Wind und erfüllte das ganze Haus, in dem sie saßen. (Apg 2,1–2)

Erzählen: Die Geschichte von der Stadt »BLA-BLA«

Ich erzähle euch heute die Geschichte von der Stadt »BLA-BLA«.

Kinder wiederholen: »BLA-BLA«

In dieser Stadt verstanden sich die Menschen gut. Sie arbeiteten zusammen. Nach der Arbeit aßen sie gemeinsam. Und an den freien Tagen spielten, tanzten und musizierten sie gemeinsam.

Als sie wieder einmal gemütlich beisammen waren, hatten sie eine Idee: Wohlauf, lasst uns eine Stadt und einen Turm bauen, dessen Spitze bis an den Himmel reiche, damit wir uns einen Namen machen (Gen 11,4). Und so bauten sie einen Turm. Jeder und jede brachte einen Baustein.

PfarrerIn legt den ersten Baustein hin. / Nacheinander setzen alle Kinder einen Baustein an das Bauwerk. / Das geschieht ohne Worte. Jedes Kind entscheidet, wie es seinen Stein anbaut. / Während die Kinder schweigend den Turm bauen, wird weitererzählt:

Wie der Turm wächst. / Wie sie manchmal nicht genau wissen, wo der nächste Stein hingehört. / Wie sie dann beraten. Eine Frau eine gute Idee hat. Alle machen es so. / Dann hat ein Mann eine gute Idee. / Dann ein Kind …

Wenn alle Kinder ihren Stein angebaut haben, wird das fast fertige Bauwerk bewundert.

Als der Turm fast fertig war, nur noch ein Stein hat gefehlt, da passierte etwas Merkwürdiges: Sie haben einander nicht mehr verstanden! Wenn einer sagte: »Bitte gib mir den Stein«, hat ihn der andere weggenommen. Wenn einer sagte: »Komm zu mir«, ist der andere fort gelaufen.

Als die Person kam, die den letzten Stein bringen sollte und in den Turm einbauen sollte, haben alle aufgeregt gerufen: »Leg deinen Stein dazu!« Aber sie hat verstanden: »Zieh den untersten Stein heraus.« Sie ging also zum fast fertigen Turm hin, zog den untersten Stein heraus.

Die Mitarbeiterin kommt mit ihrem Stein. Und zieht den untersten Stein heraus. Der Turm stürzt ein.

Der Turm ist eingestürzt. Und weil sie sich gar nicht mehr verstanden haben, sind sie weggegangen von dem Ort, wo sie am Ende nur noch »bla bla« verstanden haben. Seit damals heißt die Stadt »BLA-BLA« oder Babel.

Aber Gott wollte, dass die Menschen einander wieder verstehen. Darum hat er zu Pfingsten seine Geistin geschickt. Die macht es möglich, dass wir einander auch ohne Worte verstehen:

Winken – Die Kinder winken. / Kopfnicken – Die Kinder nicken mit dem Kopf. / Kusshand schicken. – Die Kinder schicken Kusshand. (Oder Ähnliches)

F: Fürbitten

Lebendiger Gott, du machst es möglich, dass wir einander verstehen.
Wir bitten dich für alle, die streiten, weil sie einander nicht verstehen.
Wir rufen zu dir:

Alle singen: Kyrie eleison (EG 178.9)

Lebendiger Gott, du machst es möglich, dass wir einander verstehen.
Wir bitten dich für die Menschen, in deren Land Krieg ist.
Gib ihnen deinen Frieden. Wir rufen zu dir …

Alle singen: Kyrie eleison (EG 178.9)

3.2. Wunderbar bin ich gemacht

Vorbereiten

– Gesangbücher an Eltern austeilen

– Liedblätter mit dem Lied »Wunderbar bin ich gemacht« → S. 45

– Die Kinder lernen das Lied im Kindergarten für den Gottesdienst

Ablauf

1	Schlange
2	Begrüßung: Lied einüben: Wunderbar bin ich gemacht → S. 45
3	Psalm 139 i. A. mit Leitvers: Wunderbar, wunderbar, wunderbar bin ich gemacht; wunderbar, wunderbar, wunderbar hat mich Gott gemacht → P
4	Wunderbar bin ich gemacht … (Gen 2,4b–7); endet mit Halleluja-ha-ha → V
5	Lebendiger Gott, du hast mich wunderbar gemacht … → F
6	Vaterunser
7	Es segne und behüte uns Gott, der Vater, der Sohn und die Heilige Geistin.
8	Auszug

P: Psalm

Leitvers

Wunderbar, wunderbar, wunderbar bin ich gemacht; wunderbar, wunderbar, wunderbar hat mich Gott gemacht!

Psalm

Gott, du erforschest mich und kennest mich.

Ich sitze oder stehe auf, so weißt du es;

du verstehst meine Gedanken von ferne.

Ich gehe oder liege, so bist du um mich

und siehst alle meine Wege.

Denn siehe, es ist kein Wort auf meiner Zunge,

das du, HERR, nicht schon wüsstest.

Von allen Seiten umgibst du mich

und hältst deine Hand über mir.

Diese Erkenntnis ist mir zu wunderbar und zu hoch,

ich kann sie nicht begreifen.

Leitvers wird von allen gesungen

Denn du hast meine Nieren bereitet

und hast mich gebildet im Mutterleibe.

Ich danke dir dafür,

dass ich wunderbar gemacht bin;

wunderbar sind deine Werke.

Leitvers wird von allen gesungen

V: Verkündigungsteil

Lesen: Gen 2,4b–7

Es war zu der Zeit, da Gott der Herr Erde und Himmel machte … Da machte Gott der Herr den Menschen aus Erde vom Acker und blies ihm den Odem des Lebens in seine Nase. Und so ward der Mensch ein lebendiges Wesen.

Erfahren

Beginnend bei den Füßen mit den Kindern die Körperteile durchgehen. Etwa so:

Ich bin wunderbar gemacht! Ich habe wunderbare Zehen. – Die große, dicke Zehe stützt mich beim Gehen. – Ich kann mit den Zehen wackeln …

Kinder wackeln mit den Zehen.

Der ganze Fuß … – Kinder kreisen die Füße.

Das Bein mit dem Kniegelenk – Kinder klappen das Knie auf und zu.

Der Bauch – manchmal ist er ganz dick ist vom vielen Essen. Aber wenn er hungrig ist, ist er ganz dünn. – Kinder machen den Bauch dick und dünn.

Die Brust, die den Atem ein und aus pumpt. – Kinder atmen tief ein und tief aus.

Der Hals, aus dem meine Stimme kommt: Manchmal ganz laut. Manchmal ganz leise. – Kinder machen laute und leise Töne. Sie summen. Sie brummen nach Anleitung.

Der Kopf mit dem Mund und den beweglichen Lippen. Mit der Zunge. – Kinder machen brrrrrrrr mit den Lippen. – Kinder schnalzen mit der Zunge.

Die Nase, die schnuppern kann. – Kinder schnuppern.

Die Augen die ich zum Schlafen zu machen kann. Mit denen ich schauen kann. – Kinder machen die Augen zu. Dann auf.

Die Arme, die ich hoch heben kann. – Kinder heben die Arme hoch.

Die Hände, mit denen ich greifen kann. Und mit den Fingern schnippen. – Kinder schnippen mit den Fingern.

Wunderbar bin ich gemacht – Wunderbar bist du gemacht!

Alle singen das Lied: Wunderbar bin ich gemacht

Zum Schluss wird der Refrain zwei Mal gesungen: einmal: »Wunderbar bin ich gemacht«; beim zweiten Mal: »Wunderbar … bist du gemacht … hat dich Gott gemacht.« Dabei zeigen die Kinder auf eine andere Person.

Zum Schluss

Gottes gute Geistin lässt uns lebendig sein.

Gottes gute Geistin macht uns lebendig.

F: Fürbitten

Lebendiger Gott, du hast uns wunderbar gemacht.

Wir bitten dich für Menschen, die traurig sind,

weil sie nicht schnell gehen können. / Wir rufen zu dir:

Alle singen: Kyrie eleison (EG 178.9)

Lebendiger Gott, du hast uns wunderbar gemacht.

Wir bitten dich für die Menschen, die traurig sind,

weil sie nicht gut sehen können. / Wir rufen zu dir:

Alle singen: Kyrie eleison (EG 178.9)

Lebendiger Gott, du hast uns wunderbar gemacht.

Wir bitten dich für die Menschen, die traurig sind,

weil sie vieles nicht verstehen können: Wir rufen zu dir:

Alle singen: Kyrie eleison EG 178.9

3.3.   Dreimal Schiffbruch! Oder: Gott rettet!

Vorbemerkung

Dieser Gottesdienst passt fast immer. Die Geschichte des Paulus, der dreimal Schiffbruch erlitten hat, ermutigt, auch von den eigenen Schiffbrüchen – und nicht nur von den Siegen – zu erzählen.

Vorbereiten

- Pro Kind wird aus buntem Papier ein Schiffchen gefaltet (die älteren Kinder können das unter Anleitung schon selber!)
- Für den Altartisch ein Papierschiff aus einem A3-Blatt (größer als die Schiffe der Kinder)
- Auf dem Altar liegt ein blaues Tuch – es stellt das Meer dar
- Die Kinder lernen EG 408 Meinem Gott gehört die Welt, die 1. 2. 3. Strophe
- Die Eltern bekommen ein Gesangbuch

Ablauf

1	Schlange
2	Begrüßung: Lied einüben: Sagt, wer kann den Wind sehen? (EG 565)
3	Psalm 23 mit Leitvers: Der Herr ist mein Hirte, mir wird nichts mangeln. EG 598 → P
4	Dreimal habe ich Schiffbruch erlitten … (2 Kor 11.25); endet mit Halleluja–ha–ha → V
5	Lebendiger Gott, du hast mich wunderbar gemacht … → F
6	Vaterunser; alle singen: EG 403, 1– 3: Meinem Gott gehört die Welt
7	Es segne und behüte uns Gott, der Vater, unser Schild und Schirm.
8	Auszug

P: Psalm

Leitvers

Der Herr ist mein Hirte, mir wird nichts mangeln. EG 598

Psalm

Der Herr ist mein Hirte,

mir wird nichts mangeln.

Er weidet mich auf einer grünen Aue

und führet mich zum frischen Wasser.

Er erquicket meine Seele.

Er führet mich auf rechter Straße um seines Namens willen.

Alle singen den Leitvers

Und ob ich schon wanderte im finstern Tal,

fürchte ich kein Unglück;

denn du bist bei mir,

dein Stecken und Stab trösten mich.

Du bereitest vor mir einen Tisch

im Angesicht meiner Feinde.

Du salbest mein Haupt mit Öl

und schenkest mir voll ein.

Gutes und Barmherzigkeit werden mir folgen mein Leben lang,

und ich werde bleiben im Hause des Herr immerdar.

Alle singen den Leitvers

V: Verkündigung

Paulus, nach dem unsere Kirche benannt ist, hat in einem Brief an die Gemeinde in Korinth geschrieben. Da schreibt er: »Dreimal habe ich Schiffbruch erlitten, einen Tag und eine Nacht trieb ich auf dem tiefen Meer.« 2 Kor 11,25

Erzählen

Paulus ist viel gereist. Meistens wohl zu Fuß, wo es machbar war. Sicher nie auf einem Pferd. Aber vielleicht manchmal mit einem Esel. Immer wieder auch mit dem Schiff.

Großes Papierschiff auf Altar auf das blaue Tuch stellen

Mit großen Schiffen, mit einem Kapitän und einer Mannschaft, und anderen Passa-   **55** gieren. Das Meer war nicht immer so himmelblau, wie auf den Urlaubspostkarten. Ich selber habe es als beängstigend unruhig erlebt, als ich mit dem Schiff unterwegs war.

Dreimal hat Paulus Schiffbruch erlitten.

Schiff umwerfen

Einmal hat es einen ganzen Tag und eine ganze Nacht gedauert, bis Rettung gekommen ist. Da ist er im großen Meer getrieben, hat sich an einen Balken angeklammert, und gehofft und gebetet, dass Gott ihm Rettung schickt. Dann sind die Rettungsboote gekommen.

Kinder bringen ihre Boote und stellen sie um das Schiff herum.

Kurzer Impuls für die Eltern

Was wir von Paulus lernen können: Schiffbruch erleiden ist keine Schande. Wir erzählen gewöhnlich Erfolgsgeschichten. Unsere Schiffbrüche verschweigen wir gern. Dabei ist es für andere viel interessanter und hilfreicher, wenn wir erzählen, wie wir gerettet wurden, wer oder auch was uns geholfen hat. Von Paulus können wir lernen, dass auch große Schiffe kentern können, und dann braucht es die vielen kleinen Boote, die zu Hilfe kommen.

F: Fürbitten

Rettender Gott,

wir bitten dich für alle, die deine Hilfe brauchen,

dass du ihnen Hilfe schickst, wie Paulus Hilfe bekommen hat.

Alle singen Kyrie eleison (EG 178.9)

Rettender Gott,

wir bitten die für die Menschen,

die mit den großen Rettungsautos fahren:

Bewahre sie vor Unfällen.

Alle singen Kyrie eleison

Rettender Gott,

wir bitten dich für Arztinnen und Ärzte,

für Pfleger und Pflegerinnen,

die den Menschen helfen:

Auch sie brauchen manchmal jemanden, der ihnen hilft.

Alle singen Kyrie eleison

4.   Erntedank

Erdäpfelknödel, Kartoffelpüree

Text und Melodie: Christine Hubka

Erd - äp-fel-knö-del, Kar - tof-fel-pü-ree, Erd - äp-fel-knö-del, Kar-
tof - fel-pü-ree, Erd - äp-fel-knö-del, Kar - tof - fel-pü-ree, Pommes
frites mit Ket-chup. 1.Die Kar - tof - fel, die Kar-
tof - fel wird auch Erd-ap-fel ge - nannt. Die Kar-
tof-fel, die Kar-tof-fel kommt aus ei-nem fer-nen Land.

2. Sie wächst langsam in der Erde, wird dort dick und rund und groß.

Spät im Herbst wird sie geerntet und dann geht das Schmausen los:

3. Die Kartoffel, die Kartoffel, hat sich Gott gut ausgedacht.

Lässt sie wachsen, lässt sie reifen, sieht zu, was man daraus macht.

4. Ihr Gewand ist unansehnlich. Ja, wer hätte das gedacht,

wie viel Freude unsern Bäuchen diese braune Knolle macht.

5. Mit Kartoffeln, mit Kartoffeln hat uns Gott den Tisch gedeckt.

Freut sich, wenn wir gerne essen, weil es uns so köstlich schmeckt.

4.1. Teilen: Dass alle satt werden

Vorbereiten

– Drei Schüsseln für Kartoffeln:

  – Die erste Schüssel enthält zwei dicke Kartoffeln pro mitwirkendem Kind.

  – Die zweite Schüssel enthält zwei kleine Kartoffeln pro mitwirkendem Kind.

  – Die dritte Schüssel ist leer.

– Je nach Möglichkeit werden im Vorfeld 6 bis 12 ältere Kinder benannt, die beim Kartoffelspiel mitwirken. Sie erfahren nur, dass sie gebeten werden mit zu helfen. Die Geschichte kennen sie nicht.

– Kartoffellied, → S. 59, vorher mit den Kindern gelernt / Liedblatt für die Eltern

Ablauf

1	Schlange
2	Begrüßung: Lied einüben: Kartoffellied; der Refrain ist der Leitvers.
3	Psalm 104 i. A. mit Leitvers: Erdäpfelknödel, Kartoffelpüree, Erdäpfelknödel, Kartoffelpüree. Pommes Frites mit Ketchup!
4	Einen fröhlichen Geber … (2 Kor 9,6–7); endet mit Halleluja-ha-ha (EG 103) → V
5	Schöpferischer Gott, wir preisen dich … → F
6	Vaterunser; Alle singen: Das Kartoffellied Str. 1–5 → S. 59
7	Es segne und behüte uns Gott, der Schöpfer und Bewahrer, der wahre Lebensspender.
8	Auszug

P: Psalm

Leitvers

Erdäpfelknödel, Kartoffelpüree, Erdäpfelknödel, Kartoffelpüree. Pommes Frites
mit Ketchup!

Psalm

Lobe den HERRN, meine Seele!

HERR, mein Gott, du bist sehr herrlich;

du bist schön und prächtig geschmückt.

Licht ist dein Kleid, das du anhast.

Du breitest den Himmel aus wie einen Teppich;

du baust deine Gemächer über den Wassern.

Du fährst auf den Wolken wie auf einem Wagen

und kommst daher auf den Fittichen des Windes,

der du machst Winde zu deinen Boten

und Feuerflammen zu deinen Dienern;

der du das Erdreich gegründet hast auf festen Boden,

dass es bleibt immer und ewiglich.

Alle singen den Leitvers

Gott, wie sind deine Werke so groß und viel!

Du hast sie alle weise geordnet, und die Erde ist voll deiner Güter …

Es warten alle auf dich,

dass du ihnen Speise gebest zur rechten Zeit.

Wenn du ihnen gibst, so sammeln sie;

wenn du deine Hand auftust,

so werden sie mit Gutem gesättigt.

Alle singen den Leitvers

V: Verkündigung

Lesen

Paulus schreibt an die Gemeinde in Korinth:

»Ich meine aber dies: Wer da kärglich sät, der wird auch kärglich ernten; und wer da sät im
Segen, der wird auch ernten im Segen. Ein jeder, wie er's sich im Herzen vorgenommen hat, nicht
mit Unwillen oder aus Zwang; denn einen fröhlichen Geber hat Gott lieb.« 2 Kor 9,6 und 7

Die Kartoffelgeschichte

Es waren drei Länder. Da lebten Menschen, die alle gern auf ihren Feldern arbeiteten. Sie bauten am liebsten Kartoffeln an. Sie unterschieden sich nur darin, wie sie die Kartoffeln nannten. Die einen sagten – so wie wir: »Kartoffeln«. Die anderen sagten: »Erdäpfel«. Die dritten sagten: »Grumbere«.

Anmerkung: Wenn Kinder aus verschiedenen Ländern den Kindergarten besuchen, können natürlich auch die Bezeichnungen der Kartoffeln in den Sprachen der Kinder verwendet werden.

Aber ob jemand Kartoffel, oder Erdäpfel oder Grumbere sagte. Immer haben sie das gleich gemeint: Die Frucht der Erde, aus der man Erdäpfelknödel, Kartoffelpüree, Pommes frites mit Ketchup machen kann.

Alle singen den Refrain.

Es war wieder einmal Erntezeit. Da begannen sie alle, in der Erde zu graben. In dem einen Land hatten sie eine wunderbare Ernte. Sie gingen mit einer großen Menge Kartoffeln nach Hause.

Die erste Kindergruppe stellt sich mit der Schüssel voll großer Kartoffeln sichtbar auf.

Zu Hause begannen sie zu singen:

Alle singen den Refrain zweimal.

Die anderen begannen zu graben. Aber sind fanden nur einige wenige Kartoffeln. Die trugen sie nach Hause. Auch sie haben gesungen.

Die zweite Kindergruppe stellt sich mit der Schüssel mit wenigen kleinen Kartoffeln sichtbar auf.
Alle singen den Refrain einmal.

Als die Dritten nach Hause kamen, hatten sie nichts ausgegraben. Denn auf ihren Acker, wo die Kartoffeln oder Erdäpfel oder Grumbere gewachsen sind, waren die Wildschweine schneller gewesen und hatten den Boden umgewühlt und alle Kartoffeln aufgefressen. Nun saßen sie vor der leeren Schüssel.

Die dritte Kindergruppe stellt sich mit der leeren Schüssel sichtbar auf.

Inzwischen nahmen die mit der großen Ernte alle ihre Kartoffeln in die Hand, um lauter gute Sachen damit zu kochen.

Jedes Kind der ersten Gruppe nimmt in jede Hand eine große Kartoffel.

Und die mit der kleine Ernte nahmen auch alle ihre Kartoffeln, weil sie sich gute Sachen kochen wollten.

Jedes Kind der zweiten Gruppe nimmt eine oder zwei kleine Kartoffeln in die Hand.

Da schauten die, deren Schüssel leer war, zu ihnen hinüber. Und sie sprachen: Wir haben auch Hunger. Gebt uns was zu essen bis zur nächsten Ernte.

Die mit den vielen großen Kartoffeln, schauten die mit den wenigen kleinen Kartoffeln an. Die mit den wenigen kleinen Kartoffeln, schauten die mit den vielen großen Kartoffeln an. Wer sollte dem Land ohne Kartoffeln nun welche abgeben?

Sie haben gute Ratgeber. Diese Ratgeber seid ihr. Wer soll jetzt Kartoffeln hergeben?

Die zuschauenden Kinder werden nun sagen, was sie meinen. Dann werden die Kinder mit den Kartoffeln gefragt, ob sie einverstanden sind.

(Bei unserem Gottesdienst waren zum Schreck der Eltern nicht alle Kinder mit großen Kartoffeln bereit, welche herzugeben, was einen kurzen spontanen Schlussteil über die Schwierigkeit des Hergebens mit sich brachte. Wichtig ist, dass hier ohne moralischen Druck gearbeitet wird!)

F: **Fürbitten**

Schöpferischer Gott: Wir preisen dich,

dass du so viele gute Sachen wachsen lässt.

Wir bitten dich,

dass Menschen die Hunger haben,

immer jemanden haben,

der mit ihnen teilt.

Alle singen: Kyrie eleison (EG 178.9)

Wir bitten dich,

dass du immer weiter

gute Sachen wachsen lässt.

Alle singen: Kyrie eleison (178.9)

4.2. Staunen über weiche und harte Früchte

Vorbereiten

– Eine Schale mit einzelnen Weinbeeren – eine für jedes Kind

– Eine Schale mit Nüssen (in der Schale!) – eine für jedes Kind

Ablauf

1	Schlange
2	Begrüßung
3	Psalm 104 i. A. mit Leitvers (EG 463): Alle guten Gaben, alles, was wir haben, kommt, o Gott, von dir; Dank sei dir dafür. → P
4	… Gras und Kraut nach seiner Art … (Gen 1,11–12) → V
5	Schöpferischer Gott, wir preisen dich … → F
6	Vaterunser
7	Es segne und behüte uns Gott, der Schöpfer aller Dinge.
8	Auszug

P: Psalm

Leitvers

Alle guten Gaben, alles was wir haben, kommt o Gott von dir, Dank sei dir dafür.

Psalm

HERR, mein Gott, du bist sehr herrlich;

du bist schön und prächtig geschmückt.

Du feuchtest die Berge von oben her,

du machst das Land voll Früchte, die du schaffest.

Leitvers von allen gesungen

Du machst Finsternis, dass es Nacht wird;

da regen sich alle wilden Tiere,

die jungen Löwen, die da brüllen nach Raub

und ihre Speise suchen von Gott.

Leitvers von allen gesungen

V: Verkündigung

Lesen

Gott sprach: Es lasse die Erde aufgehen Gras und Kraut, das Samen bringe, und fruchtbare Bäume auf Erden, die ein jeder nach seiner Art Früchte tragen, in denen ihr Same ist. Und es geschah so. Und die Erde ließ aufgehen Gras und Kraut, das Samen bringt, ein jedes nach seiner Art, und Bäume, die da Früchte tragen, in denen ihr Same ist, ein jeder nach seiner Art. Und Gott sah, dass es gut war. Gen 1,11–12

Erfahren

Jedes Kind bekommt eine Nuss. Versucht, sie zu quetschen. Zu knacken. Es geht nicht!

Jedes Kind bekommt eine Weintraube. Drückt ganz leicht darauf. Vergleicht sie mit der Nuss in der anderen Hand.

Anleitung zum Sehen

Raue Schale – Weiche Schale / Viel Saft – Kein Saft / Farbe?

Anleitung zur Vorstellung

Die Nüsse wachsen auf hohen Bäumen. Die Eichkätzchen kommen gesprungen und holen welche für den Winter. Manche Nüsse fallen auf die Erde. Wir heben sie auf. Die Weinbeeren wachsen am Weinstock. Die Vögel kommen geflogen und holen sie. Wenn die Ernte kommt, schneiden wir sie vom Stock.

Die Weitraube wird gegessen. Die Nuss wird eingesteckt. Nach dem Gottesdienst wird sie im Kindergarten geknackt und gegessen.

F: Fürbitten

Schöpferischer Gott: Wir preisen dich für den Reichtum deiner Schöpfung.

Wir bitten dich, dass es den Tieren gut geht.

Alle singen: Kyrie eleison (EG 178.9)

Wir bitten dich, dass das, was gepflanzt wird (Variante: wir pflanzen), gut gedeiht.

Alle singen: Kyrie eleison

Wir bitten dich, dass alle Menschen so viel essen können, dass sie satt werden.

Alle singen: Kyrie eleison

4.3.　Vielerlei Brot

Vorbereiten

– Eine Schüssel mit Mehl

– Eine Schale mit Getreidekörnern (Weizen, Roggen, Gerste – was leicht erhältlich ist)

– Verschiedene Brot- und Gebäcksorten. Wenn möglich die, die auch im Lied vorkommen. Zuerst mit einem Tuch zugedeckt.

– Möglich ist auch, dass im Kindergarten vierzehn Tage vor dem Gottesdienst Getreidekörner in Blumentöpfen zum Keimen gebracht werden. Dann stehen auch diese Keimlinge auf dem Tisch.

– Möglich ist auch, dass im Kindergarten am Tag vor dem Gottesdienst Brot gebacken wird.

– Liedblatt für die Eltern mit dem Brotlied → L

Ablauf

1	Schlange
2	Begrüßung, Einüben des »Brotlieds« → L (nach EG 508, Wir pflügen und wir streuen)
3	Psalm 145 i. A. mit Leitvers (EG 508): Alle gute Gabe … → P
4	Wir denken an die Fische, die wir in Ägypten umsonst aßen, und an die Kürbisse, die Melonen, den Lauch, die Zwiebeln und den Knoblauch. 4 Mose 11,5 → V
5	Lebendiger Gott, du lässt das Korn wachsen … → F
6	Vaterunser
7	Es segne und behüte uns Gott, der Spender allen Lebens …
8	Auszug; anschließend essen die Kinder gemeinsam das Gebäck aus dem Gottesdienst

L: **Das Brotlied**

Melodie EG 508, Kehrvers (Alle gute Gabe …)

Refrain von allen gesungen:

Alle Gute Gabe kommt her von Gott, dem Herrn.

Drum dankt ihm, dankt, drum dankt ihm dankt,

und hofft auf ihn.

1. Stroph Eltern singen: Schwarzbrot, Weißbrot, Mischbrot, als Wecken und als Laib.

Alle: Drum dankt ihm, dankt, drum dankt ihm, dankt und hofft auf ihn.

2. Stroph Eltern singen: Brot mit Kürbiskernen, Sonnenblumenbrot.

Alle: Drum dankt ihm, dankt, drum dankt ihm, dankt und hofft auf ihn.

3. Stroph Eltern singen: Knäckebrot und Mischbrot, Brötchen, kross und frisch.

Alle: Drum dankt ihm, dankt, drum dankt ihm, dankt und hofft auf ihn.

4. Stroph Eltern singen: Dinkelbrot zur Jause (Brotzeit), Croissant ganz butterweich.

Alle: Drum dankt ihm, dankt, drum dankt ihm, dankt und hofft auf ihn.

5. Stroph Eltern singen: Brezel süß und salzig, wir essen sie so gern.

Alle: Drum dankt ihm, dankt …

P: **Psalm**

Leitvers

Alle gute Gabe kommt her von Gott, dem Herrn, drum dankt ihm, dankt,

drum dankt ihm, dankt und hofft auf ihn. (Refrain EG 508)

Ich will dich erheben, mein Gott, du König,

und deinen Namen loben immer und ewiglich.

Ich will dich täglich loben

und deinen Namen rühmen immer und ewiglich.

Alle singen den Leitvers

Aller Augen warten auf dich

und du gibst ihnen ihre Speise zur rechten Zeit.

Du tust deine Hand auf

und sättigst alles, was lebt, nach deinem Wohlgefallen.

Alle singen den Leitvers

V: Verkündigungsteil

Vom Getreide zum Brot

Jedes Kind bekommt ein Getreidekorn. Wir suchen die kleine Rille. Wir stecken es in den Mund und beißen es. Wir betrachten die Keimlinge aus dem Korn. Kosten das Mehl.

»Gott hat uns den Tisch gedeckt«

Das Tuch vom Gebäck entfernen.

Die Kinder benennen die Backwerke und Formen (Brötchen, Laib …)

Das Brotlied → **L** wird gemeinsam gesungen.

Man kann das Gebäck so zusammenstellen, dass die Reihenfolge den Strophen des Liedes entspricht. Dann können die Kinder das Lied auch mit den Erwachsenen singen, weil immer auf das jeweilige Gebäck gezeigt wird, wenn es bei der Strophe vorkommt.

Zum Abschluss noch einmal die Worte des Psalms lesen:

Aller Augen warten auf dich, und du gibst ihnen ihre Speise zur rechten Zeit. Du tust deine Hand auf und sättigst alles, was lebt, nach deinem Wohlgefallen.

F: Fürbitten

Lebendiger Gott!
Du lässt das Korn wachsen,
damit wir Brot haben.

Alle singen: Kyrie eleison EG 178.9

Wir freuen uns über die vielen Brotsorten.
Wir bitten dich, dass alle Menschen genug Brot haben,
um satt zu werden.

Alle singen: Kyrie eleison

Wir bitten dich für die Menschen,
die für unser Brot arbeiten:
Die Bauern und Bäuerinnen,
die Bäcker und Bäckerinnen,
die Lastwagenfahrer und Lastwagenfahrerinnen
die Verkäufer und Verkäuferinnen.
Segne sie und ihre Arbeit.

Alle singen: Kyrie eleison

5. Gottesdienste zu verschiedenen Themen

Die Themengottesdienste

Gottesdienste mit Kindergartenkindern haben den Anspruch, religiöses Urvertrauen bei den Kindern zu wecken. Die folgenden Themengottesdienste tun dies mit Hilfe gestaltpädagogischer und symboldidaktischer Elemente. Im Gottesdienst soll jeweils ein Thema greifbar, erlebbar und damit auch erinnerbar werden. Dazu steht jeweils ein Gegenstand, eine Naturelement oder eine Person im Mittelpunkt, dessen Bedeutung im Verlauf des Gottesdienstes und auch im Vor- und Nachklang des Kinderalltags erschließbar werden soll. Das Prinzip von »Kontemplation und Aktion« bildet das Grundgerüst der Gottesdienste. Wiederkehrende Elemente sind Gebet und Segen sowie das immer gleiche Abschlusslied: »Das wünsch ich sehr« (Menschenskinderlieder Nr. 5) mit folgenden Bewegungen:

Das wünsch ich sehr	*Hände vom Körper her nach vorne öffnen*
Das immer einer bei mir wär	*Sich selbst »umarmen«*
Der lacht und spricht –	*Bei »lacht«: klatschen*
Fürchte Dich nicht –	*Winken*

Es ist schön, wenn die Kindergartengottesdienste *in der Kirche* stattfinden, weil nur so eine Sozialisationsmöglichkeit der Kinder für den Kirchenraum besteht, die heute immer seltener wird. In der Kirche wäre ein *großer Stuhlkreis oder ein großer geschwungener Stuhlhalbkreis* die optimale Sitzform. Wenn dies nicht möglich ist, kommen die Kinder aus den Bänken zu Aktionen und Abschlusslied in den Altarraum. Die Gottesdienste können auch im Kindergarten (Ausnahme: Tauferinnerung) stattfinden. Wichtig für die kirchliche Sozialisation ist das *Glockengeläut* am Anfang und am Schluss des Gottesdienstes. Es hinterlässt in den Kindern einen tiefen Eindruck, der sie sowohl freudig als auch ernst stimmt.

Die Gottesdienste setzen eine *Zusammenarbeit zwischen Kindergarten und Pfarramt* in der Vorbereitung voraus, sowohl in der Liedvorbereitung als auch mit Bastelaktionen. Die in den Gottesdienst mitgebrachten und wieder mitgenommenen Bastelaktionen, zeigen den Kindern, dass ihr Alltag und der Gottesdienst zusammengehören.

Zu den Liedern: Die Empfehlungen beziehen sich auf »das kleine Gelbe«: Menschenskinderlieder, herausgegeben vom »Zentrum Verkündigung« der EKHN, Markgrafenstr. 14, 60487 Frankfurt am Main; zu bestellen: telefonisch: 0 69 / 71 37 91 06 oder per Internet im Onlineshop auf: www.zentrum-verkuendigung.de

Die Gottesdienste sind entstanden *im Rahmen meiner Tätigkeit als Pfarrerin im Gemeindezentrum Arche Wien*, zu dem ein evangelischer Kindergarten gehörte. Sie waren mir ein vorsichtig leuchtendes Licht in einer nicht leichten Gemeindezeit am Stadtrand. Das habe ich den Kindern zu verdanken, denen diese Gottesdienste immer wieder gewidmet sind.

Wien, im September 2009   *Johanna Zeuner*

Grundelemente der Themengottesdienste

Element	Im Folgenden unter der Abkürzung ...
Einzug mit Geläut	
Begrüßung / Gebet (B)	B
Lied (L)	L
Komtemplation (K)	K
Lied (L)	L
Aktion (A1)	A1
Lied (L)	L
Aktion / Deutung (A2)	A2
Segen – an den Händen halten (S)	S
Abschlusslied und Auszug mit Geläut	

5.1. Leben in Gottes Hand – was unsere Hände können

Vorbereitung

– Eine ca. 1,20 große Pappe mit aufgemalter Hand → Kopiervorlage
– Im Kindergarten vorbereitete Bastelarbeit: Kinder malen um ihre Hand herum, auf Papier, beschriften diese mit ihrem Namen und schneiden sie aus
– 2 Klebestifte

Intention: Kindern bewusst machen: Unser Leben ist geborgen in Gottes Hand, mit allem was wir – und unsere Hände – können.

Ablauf

B	Hinweis auf Hand (Bild); Einführung ins Thema. Wir feiern diesen Gottesdienst, weil Gott uns gemacht hat und uns beschützt. Weil er uns Jesus geschenkt hat mit seinen Geschichten und den heiligen Geist. Amen
L	»Meine Hände sind erwacht« – Menschenskinderlieder Nr. 60, Strophe 4
K	Hand-Meditation → K
L	»Er hält die ganze Welt« – Menschenskinderlieder Nr. 45, Str. 1 mit Bewegungen: Kugel zeigen, mit der Hand von unten halten / Hochwerfbewegung für die »Kugel« / Über die »Kugel« streicheln / »Kugel« mit einer ausgestreckten Hand halten
A	Kinder-Hände werden in »Gottes« Hand geklebt → A2. Erweiterung: Was hat Jesus mit seinen Händen gemacht?
S	Zum Schluss wollen wir Gott darum bitten, dass er uns seine unsichtbare Hand auflegt: … → S
L	Schlusslied: »Das wünsch ich sehr« – mit Bewegungen

K: Handmeditation

Wir wollen jetzt ganz ruhig werden und still … Du spürst, dass du hier bist – in der
Kirche …

Atme ein und atme aus … Jetzt schau dir mal deine Hände an … Sie liegen ganz
ruhig da … Schau sie dir von innen an, die eine Hand …, die andere Hand …,
die Finger und den Daumen …, deine Haut …, da gibt es viele Linien …,

Schau sie dir mit deiner anderen Hand an …., jetzt drehe deine Hände um … ,
von außen sieht deine Hand ganz anders aus …

Du kannst viel machen mit deiner Hand … eine Faust – das machen wir mal … –
oder winken (tun) … und schütteln (tun) … und sie ganz ruhig liegen lassen …

Eine Hand – die andere Hand … zwei Hände hast du … lass sie zueinander finden,
ganz vorsichtig … wie beim Beten

Gebet

Wir danken Gott, dass wir zwei Hände haben,

die verschiedene Sachen machen,

die manchmal lachen und manchmal traurig sind.

Auch dein Nachbar hat Hände … streck sie ihm einmal entgegen … gib ihm deine
Hand … Schau die Hand von deinem Nachbarn an …auch sie kann viele verschiedene Sachen machen.

Gespräch

Was können wir mit unseren Händen tun? (streicheln, schlagen, schreiben, Tür auf-
machen, etwas verschenken oder wegnehmen u.a.)

Da hat sich Gott was Gutes ausgedacht mit unseren Händen. Vielleicht halten wir
sie alle noch einmal hoch …

A: Aktion »Unsere Hände in Gottes Hand«

Bild zeigen → Kopiervorlage

Wir haben hier vorn eine ganz besondere Hand. Was meint ihr, wem kann die gehören? – Wer hat größere Hände als ihr? (Oma, Eltern) So ist es auch mit Gottes
Hand. – Wie fühlt sich das wohl an, in Gottes Hand …?

Ich glaube, wenn wir vorsichtig sind, dann passen die Hände von allen Kindern auf
unser Bild.

Aktion

Die mitgebrachten ausgeschnittenen Hände (bisher unter den Stühlen) werden von den Kindern nach vorn gebracht und von den Erzieherinnen in die große Hand hineingeklebt.

Musik – Gott hält die ganze Welt – instrumental

Jetzt ist eure Hand in Gottes Hand. – Sieht sie jetzt anders aus? Hat sie sich verändert?

Lied: »Gott hält die ganze Welt ...« (mit Bewegungen)

S: Segen

Zum Schluss wollen wir Gott bitten, dass er uns seine unsichtbare Hand auflegt:

Segen

Wir legen alle unsere Hand auf den Kopf des Nachbarn:

Gott segne euch

Er wird bei euch sein

im Kindergarten, auf der Straße und in euren Gedanken.

Er behüte euer Leben und mache euch stark.

Amen.

Schlusslied: »Das wünsch ich sehr« – mit Bewegung

Kopiervorlage Hand

Kopiervorlage³ Fuß

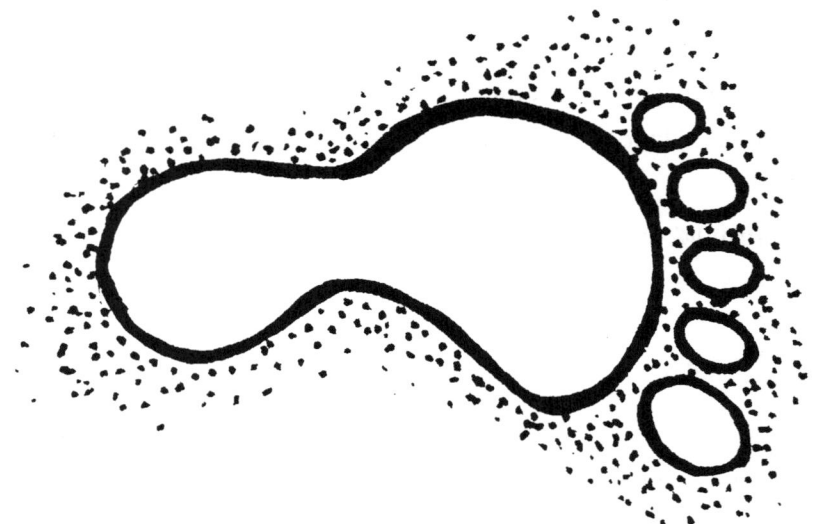

3   Wenn möglich, soll aber der eigene Fuß ummalt und ausgeschnitten werden.

5.2. Ich stelle meine Füße in Gottes Raum – Tauferinnerung

Vorbereitung

– Im Kindergarten vorbereitete Bastelaktion: Den Fußumriss auf bunte Pappe zeichnen und ausschneiden. Mit Namen beschriften.

– Klebestreifen

– Taufkerzen / Ersatzkerzen

Zu diesem Gottesdienst können Eltern und Paten miteingeladen werden.

Intention: Kinder sollen anhand des Symbols »Fuß« eine Vorstellung davon bekommen, was es heißt, getauft zu sein.

Ablauf

B	Hinweis auf Schuhe (kleinen Schuh, großen Schuh zeigen); Einführung ins Thema; nach dem Lied Gebet → B
L	»Wir werden immer größer«– Menschenskinderlieder Nr. 153, Str. 1
K	Mit Schuhen können wir gehen, können wir auch zu Jesus gehen. Hört, was Jesus gemacht hat, als die Kinder zu ihm gekommen sind: Kinderevangelium Mk 10,13–16 (kurze freie Erzählung)
L	»Wenn einer sagt ich mag dich, du« – Menschenskinderlieder Nr. 100, Str. 1
A	Mit Füßen zum Taufbecken – Tauferinnerung → A
S	Gott, der dich beim Namen kennt, begleite und behüte dich auf allen deinen Wegen.
L	Schlusslied: »Das wünsch ich sehr« – mit Bewegungen

Erweiterungsvorschlag für einen Familiengottesdienst

In einem größeren Zeitrahmen kann die Bastelaktion (mit Instrumentalmusik im Hintergrund) im Gottesdienst geschehen.

Tanz

Ein Lichtertanz um das Taufbecken (mit Kindern ab 4 J.) kann nach der Kerzenentzündung eingeschoben werden.

Lied

Das Lied »Meine Füße sind erwacht« (Menschenskinderlieder Nr. 60, Str. 3) kann am Anfang des Gottesdienstes vor dem Lichtertanz stehen.

Gebet

Das Gebet am Taufbecken kann in Ich-Form gesprochen werden.

Auslegung

zum Symbol Füße / Unterwegs sein.

B: ## Begrüßung

Gebet nach Psalm 31
Gott, du stellst meine Füße in einen weiten Raum –
so groß wie diese Kirche und noch viel größer.
Du bist wie eine Burg, in der ich zu Hause bin,
aus der ich manchmal rausgehe:
auf die Straße, ins bunte Leben. Dank sei Dir dafür
Amen.

A: ## Aktion

Ihr könnt mit euren Füßen gehen. Wir wollen jetzt zum Taufbecken gehen – viele von euch sind hier schon einmal gewesen, als sie noch ganz klein waren. Bringt alle euren Fuß mit, den ihr im Kindergarten gebastelt habt. Legt ihn auf den Rand des Taufbeckens / oder: befestigt ihn am Taufbecken (Erzieherinnen helfen – Instrumentalmusik im Hintergrund – Kinder bleiben um das Becken herum stehen)

So ein Fußabdruck war das erste, was eure Eltern von euch bekommen haben. Die erste Spur, die ihr im Leben hinterlassen habt. Er soll uns daran erinnern: Wir gehen mit Gott durchs Leben.

Tauferinnerung

An so einem Taufbecken, vielleicht sogar an diesem, sind viele von euch getauft. Zur Erinnerung gebe ich euch jetzt ein Zeichen aus Wasser an die Stirn – ein Kreuz.

Satz beim Austeilen des Wasserkreuzes: »Gott schütze und stütze dich. Gott mache dich stark« (Kinder bleiben stehen)

Gebet

Wir beten: (Kinder fassen sich an der Hand)

Lieber Gott, es ist noch nicht so lang her, da sind viele von uns

hier oder in einer anderen Kirche getauft worden.

Dein guter Segen begleitet uns, du machst uns stark.

Schenke mir Freunde, die mich verstehen und mit mir gehen.

Amen.

Aktion

Kinder, die ihre Taufkerze mithaben, holen sie; die anderen bekommen eine Kerze.

Jesus hat den Menschen gesagt: »Ich bin das Licht der Welt, ihr sollt nie mehr im Dunkeln wohnen.« (Joh 8)

Die Kerzen werden an der Osterkerze entzündet (Erzieherinnen helfen mit)

Mit der Taufe geht ihr einen Weg. Gott sagt ja zu euch, jeden Tag neu.

5.3. Bei Gott bin ich geschützt – mit Gott kann ich gehen

Vorbereitung

– Schirme; jedes Kind bringt einen (kleinen) Schirm mit

– Schirme für die Schulkinder, von den anderen Kinder ohne deren Wissen bemalt

– Regenbogenschirm

Intention: Regenschirm als Symbol des Schutzes am Lebensabschnittsübergang (Kindergartenende / Schulanfang)

Ablauf

B	Hinweis auf die mitgebrachten Regenschirme. Wozu sind Schirme gut?
K	Schirme aufspannen – Instrumentalmusik (Regen, Plätschern) – wie fühlt ihr euch unter dem Schirm?
L	»Wenn der Regen fällt« → L
A	Dialog und Segnung → A
S	Geht jetzt alle in den Sommer, wo die bunten Blumen blühen und die Schmetterlinge lachen. Geht unter Gottes freundlichem Schutz. Amen. (Kreuzzeichen)
L	Schlusslied: »Das wünsch ich sehr« – mit Bewegungen

L:

Wenn der Regen fällt

Text und Melodie: Johanna Zeuner

Wenn der Re - gen fällt, dann macht es plitsch platsch.
Und ich bin dann manch-mal ganz schön patsch nass.

Got - tes Gu - ter Geist ist wie ein Re - gen-schirm,
der schützt mich, ob's reg - net o - der auch noch stürmt.

Wenn der Re - gen fällt, dann macht es plitsch platsch.

A: ## Aktion: Schirm und Schutz

Bemalte Schirme in die Mitte – Kinder machen ihre Schirme zu – legen sie hinter sich
(Handpuppen-)Dialog

A: Weißt du, was diese Schirme hier sollen?

B: Nein, wem gehören die eigentlich?

A: Weiß ich nicht – aber ich glaube, ich weiß, wer diese Schirme bemalt hat.

B: Wer denn?

A: Die Kinder aus dem Kindergarten?

B: Psst, das ist doch geheim!

A: Warum denn?

B: Ich glaube, sie wollen die verschenken?

A: Wirklich ? An wen denn?

B: An die Kinder, die jetzt weggehen, weil die bestimmt ein bisschen traurig sind.

A: Und warum schenken die Kinder einen Schirm?

B: Ich hab da so eine Idee. In der Bibel stehen schöne Sätze über Schirme. Ich hab
nachgeschaut …

In die Bibel schauen

Da steht, dass Gott für uns wie ein Schirm ist, unter dem wir keine Angst mehr haben brauchen. Unter dem wir fröhlich sein können, wie unter einem Regenschirm,
wenn wir ein Lied singen. (nach Ps 32, 8)

A: Ach so, und die Kinder, die heute das letzte Mal hier sind, die können so einen
Schirm, so einen Schutzschirm von Gott, vielleicht gut gebrauchen.

B: Ja, genau, weil jetzt alles neu und bestimmt ganz anders wird in der Schule.

A: Ja, genau.

Kehrvers: »Ja Gott mag mich« s. o.

Segnung

Ihr bekommt jetzt ein buntes Kreuz (Verweis auf evtl. im Kindergarten vorhandenes buntes Kreuz) »Ein Kreuz – das soll euch beschützen, so wie ein Schirm«.

Kinder kommen nach vorn – im Kreis oder Halbkreis – je ein einzelnes Kind tritt vor

Gottes Geist begleite dich auf allen Wegen

durch dein Leben. Er sei dir Schutz und Schild.

Er beschenke dich mit seinem großen Frieden. Amen.

Schulkinder fassen sich an der Hand: Vater unser

Dialog (Fortsetzung)

A: Du, ich hab da noch einen besonderen Schirm … – B: Zeig her!

A: (spannt ihn auf)– Erinnert der dich an was?

B: Ja, an die Arche. Die von Noah. (auf den Altar legen)

Lied: »Ein bunter Regenbogen« Menschenskinderlieder Nr. 67, Strophe 3

Ja, genau mit der Arche schließt Gott einen Bund. Ein Abkommen sozusagen. Egal wohin wir gehen – Gott lässt uns nicht stehen. Er nimmt uns mit auf die große Reise, die unser Leben ist. Auch, wenn ihr jetzt in die Schule geht, wo ganz schön viel anders sein wird, dürft ihr wissen: Dieser bunte Bund, den Gott mit allen Menschen schließt wird nie zu Ende sein.

5.4. Wasser trägt – Gottesdienst zu Mt 14,22–33

Vorbereitung

– blaue Pappe – Tropfenform mit Bildern – Klebestreifen

– Bastelaktion im Kindergarten: Nussschalenboote mit Namen

– Krug und Glas / 2 blaue Tücher

– Plastikwanne mit Wasser

– Schwimmkerze (ca. 8 cm)

Kehrvers:

Die Kinder sollen erfahren: Wasser kann tragen, so wie Gott uns trägt.

Ablauf

B	Hinweis auf den »Segen« des Wassers. Wozu ist Wasser gut? – Wasser kommt von Gott. Der hat den Himmel und die Erde gemacht und er passt darauf auf. Seine Erde ist ihm wichtig. (nach dem Lied: Gebet → B)
L	»Alles kommt von dir« – Menschenskinderlieder Nr. 1
K	Gespräch / Geschichte → K
A	Tropfen und Nussschalenboote → A
S	Gott trage euch / wie euer Boot / durchs Leben. / Er schenke uns den Mut, / viele Dinge auszuprobieren / und zu wagen. Amen.
L	Schlusslied: »Das wünsch ich sehr« – mit Bewegungen

B: **Begrüßung / Gebet**

Gott wir freuen uns
Wir sind jetzt hier bei dir.
Wir wollen zuhören
und miteinander fröhlich sein.
Amen.

A: **Aktion**

Nussschalenboot basteln *(vorab, mit den Kindern)*
In leere halbe Walnussschalen wird etwas Knete od. Wachs gegossen gedrückt. An einen Zahnstocher wird ein dreieckiges Papiersegel geklebt und mit Namen beschriftet. Der Zahnstocher wird in die Knete (Wachs) gesteckt.

Wassertropfen
Im Längsschnitt 40–50 cm große Tropfen aus blauer fester Pappe schneiden – mit einem weißen Stift / oder auf weißes aufzuklebendes Papier – Symbole aufzeichnen: Fisch, Boot, Pinsel, weinendes Auge, regnende Wolke, Trinkglas, Dusche, Taube)

K: **Gespräch / Geschichte**

Hier habe ich einen Tropfen. Erzählt mir mal, was der alles kann:
Vorbereitete Tropfen mit Zeichnungen (ein Fisch, ein Schwimmer, ein Boot, ein Pinsel, ein weinendes Auge, eine regnende Wolke, ein Glas, eine Dusche) zeigen – erklären lassen – am Altar befestigen
Kehrvers »Wasser ist Leben« → S. 83

»Wasser ist Leben, Wasser tut gut« – jeweils nach zwei Tropfen

Ich habe noch einen Tropfen (Zeichnung: Taube), der gehört hier in die Kirche – wo hänge ich den hin? (Taufbecken)
Kehrvers »Wasser ist Leben« → S. 83

Wasser kann auch tragen (Schwimmkerze in die Wanne geben und entzünden). Wenn wir im Wasser sind und vielleicht sogar schon schwimmen, merken wir das.
In der Bibel steht eine Geschichte (nach Mt 14,22–33):

Jesus war einmal auf einem Berg, um nachzudenken. Seine Jünger waren mit einem

Boot auf dem See. Da kam ein Wind. Die Jünger hatten Angst, die Wellen wurden immer höher. Sie dachten sich: Wie schön wäre es, wenn Jesus jetzt hier wäre, bei uns.

Jesus merkte das, er spürte, dass die Wellen draußen auf dem See hochgingen und ging zu ihnen. Er ging mitten über den See. Der See trug ihn – Jesus konnte das, er hatte Macht von Gott. Als das Petrus, einer von den Jüngern, sah, traute er sich auch auf den See. Er ging Jesus entgegen, aber als er nur einen kurzen Moment nicht aufpasste, sackte er ein – Jesus nahm ihn bei der Hand und zog ihn aus dem Wasser und so gingen sie beide zum Boot. Da wurde der Wind ganz still und die Jünger staunten.

Kehrvers: »Wasser ist Leben…« → S. 83

Gebet, nach Ps 65

Gott, du kannst das Meer wieder still machen, wenn es hohe Wellen hat.
Du machst die Menschen fröhlich überall auf der großen weiten Welt.
Du machst die Erde stark.
Durch deine Flüsse und Meere kann alles wachsen.
Mit Regen machst du die Erde ganz weich
und lässt Blumen blühen und Bäume sprießen.
Du machst alles wieder gut. Wir spüren deine Kraft.
Amen.

Abschlusskreis

(Die Kinder bringen ihre Schiffe mit nach vorn.) Das Wasser hat Jesus getragen, Gott trägt uns. Setzt eure Schiffe jetzt vorsichtig ins Wasser (in der Mitte der Wanne: Schwimmkerze)

Eure Schiffe kommen mit zurück in den Kindergarten, Eure Erzieherinnen bringen sie mit … (Die Wanne mit Schiffen und Kerze nehmen die Erzieherinnen mit in den Kindergarten und lassen sie dort über den Tag sichtbar stehen.)

5.5. Winde wehn – Schiffe gehen
(Markus 4,35–41)

Vorbereitung

– ein mittelgroßes Schwungtuch

– bunte Blätter – für Altar und Schwungtuch

– ein größeres Papierschiff mit Aufschrift : »Jesus an Bord«

Blätter und Papierschiff dienen zunächst als (Altar-)dekoration. Sie werden zum Ende der Erzählung und zum Abschlusskreis wichtig.

Dieser Gottesdienst eignet sich für die Jahreszeit der ersten Herbststürme. Die Kinder erleben: Jesus macht auch die Stürme in unserem Leben wieder ruhig.

Ablauf

B	Hinweis auf das Herbstwetter: Stürme. – Wir feiern diesen Gottesdienst mit Gott, der auch im Sturm zu Hause ist, der die Wellen hochschlagen lässt und dann auch dafür sorgt, dass sie wieder zurückgehen. Gebet → B
L	»Der Wind geht übers Land«, → L (und nach Gebet Strophe 3)
K	Geschichte und Schwungtuchaktion
A	im Altarraum → A
S	*Wie ein Blatt im Wind, so leicht legen wir die Hand auf den Kopf des Nachbarn.* Gott segne und behüte euch / wenn der Wind laut um eure Ohren bläst. / Er schenke euch eine Hand, die euch schützt / wie die Blätter im Wind. / So geht als die Gesegneten des Herrn. Amen
L	Schlusslied: »Das wünsch ich sehr« – mit Bewegungen

B: Begrüßung / Gebet

> Gott, das ist nicht lustig, wenn der Wind so stark weht,
>
> dass man sich festhalten muss und Dinge wegfliegen für immer.
>
> Woher kommt das?
>
> Bleib bei mir und bei den Menschen, die im Sturm sind
>
> in Ländern ganz weit weg von uns. Amen.

L:

Der Wind geht übers Land

Text und Melodie: Johanna Zeuner

Der Wind geht ü-bers Land, gibt mir und Dir die Hand.
1. Kann uns be-
2. Will mich um-
3. Muss lei - se

rüh-ren, ist gut zu spü-ren. Der Wind geht ü-bers Land.
hül-len o-der auch brül-len.
wer-den auf Got-tes Er-den.

A: Aktion

Mit einem Sprecher und einem Jesus-Darsteller (pantomimisch)

> Ich erzähle euch jetzt die Geschichte von Jesus, der Wind und Wellen still machen
>
> kann.

Setzt euch dazu in einen Kreis um das Schwungtuch.

> Jesus hatte den Menschen viel erzählt. Er war hundemüde. Er zog sich auf dem
>
> Schiff zurück in ein Eck unter Deck, hier war er ganz allein, hier konnte er seelenru-
>
> hig schlafen (darstellen). Seine Jünger blieben wach und an Deck. Sie unterhielten
>
> sich über die letzten Tage, wie es war mit den Menschen in Galiläa. Da plötzlich und
>
> ganz unerwartet rollte sie an: eine Böe aus Wind.

Aufstehen (mit dem Schwungtuch)

> Das machen wir jetzt mal: wie der Wind erst leise anrollt und dann heftig wird.

Stehenbleiben

Wie mag sich Jesus und seine Mannschaft wohl fühlen? (Angst …)

Und Jesus ? – (werden wieder langsamer / schaukeln) Der schläft. Ja, der schläft in aller Seelenruhe, obwohl um ihn herum die Wellen hochgehen (darstellen), plötzlich wacht er auf, weil die Jünger ihn wecken.

Singruf (nach der Melodie: »Bruder Jakob«)

»Jesus, schlaf nicht / Jesus, Schlaft nicht / See in Not / See in Not, siehst du nicht die Wellen / siehst du nicht die Wellen / tu doch was, tu doch was!«

Er sieht die aufgewühlte See (darstellen). Jesus steht ganz gerade auf und befiehlt dem Wind: »Schweig stille!«

Ruckartig Ende der Bewegungen – die Kinder halten das Tuch eine Zeit lang gerade und still.

Und das Meer wurde ganz ruhig. Und es war sehr still. Und er sagt zu ihnen. »Habt nicht so viel Angst, ihr glaubt doch, oder? Wisst ihr nicht? Alles wird gut!«

Die Kinder »applaudieren« mit dem Tuch (evt. Herbstblätter einwerfen)

Und plötzlich wird es ganz still …

Kinder legen das Tuch vorsichtig zurück auf den Boden; Instrumentalmusik

Gebet

Lieber Gott, wir denken an die Menschen, die gerade wirklich in einem Sturm
  sind,

und wir denken an uns, an unsere Freude und Familien,

wenn wir uns mal streiten. Schenk du uns dann deine Ruhe

und einen schönen Frieden. Amen

Abschlusskreis

um das Schwungtuch herum. Auf das Blättermeer wird das Papierboot mit der Aufschrift »Jesus an Bord« gestellt.

5.6. Bartimäus: Blind sein – durch Gott wieder sehen

Vorbereitung

– Bilder von Kees de Kort zu Bartimäus (OHF, Dia, Beamer oder Bilderbuch)

– Bauklötze aus dem Kindergarten

– Augenbinden

Der Gottesdienst kann auch ohne Bilder stattfinden. Stattdessen: Ausführliche Erzählung des biblischen Textes.

Intention: Den Kindern zeigen, Gott kann heilen und befreien.

Verlauf

B	Was haben wir auf dem Weg heute Morgen gesehen? Sehen ist nicht selbstverständlich. – Heute hören wir von einem blinden Menschen und davon, was Jesus mit ihm macht. (Nach dem Lied: Gebet → B)
L	»Meine Augen sind erwacht«, Menschenskinderlieder Nr. 60, Strophe 1 – einmal vorgesungen – dann: alle
A	Bauklötze-Aktion → A
K	Die Geschichte vom blinden Bartimäus → K
S	Gott segne und behüte euch / auf dem Weg, den ihr jetzt geht: / zurück in den Kindergarten / und in den Tag. / Er schenke euch viele schöne Dinge / zum Sehen und Staunen / und Menschen, / die das mit euch gemeinsam tun.
L	Schlusslied: »Das wünsch ich sehr« – mit Bewegungen

B: Begrüßung / Gebet

Gott, ich freue mich, dass ich sehen kann.
Die Blumen, die Bäume, die Felder und das Licht
Du hast meine Augen gemacht,
damit ich ganz viel sehen kann.
Ich danke Dir, dass ich wunderbar gemacht bin,
deine Welt ist schön.
Amen (nach Psalm 139)

A: Aktion

Im Altarraum liegen Bauklötze bereit. Einem Kind (ab 4 Jahre) werden die Augen zugebunden. Es darf so »blind« versuchen, etwas zu bauen. Danach wird die Augenbinde wieder abgenommen und das Kind gefragt: Was hast du gebaut? Wie hast du dich gefühlt, als du gar nichts sehen konntest? Wie ist es jetzt ?

K: Geschichte

Erzählung von Markus 10,46–52 – mit Bildern von Kees de Kort

Die Kinder zunächst erzählen lassen, was sie auf den Bildern sehen – dann die Geschichte ergänzen.

Schwerpunkt

Bartimäus kann wieder sehen. Die Augenbinde fällt ab.

Anschließendes Kurzgespräch

Was sagen die anderen Menschen zu Bartimäus? Was tut Bartimäus, damit Jesus zu ihm kommt? Wie fühlt sich Bartimäus, als er wieder sehen kann?

Gebet

Gott, Bartimäus kann wieder sehen. Das ist schön. / Wir freuen uns, dass du Menschen gesund machst. / Dass sie wieder frei werden und heil. / Amen

6. Stuhl- oder Sesselkreise

Die religionspädagogische Arbeit im Sesselkreis ist keine Katechese. Daher ist sie auch in gemischt-religiösen und gemischt-konfessionellen Gruppen kein Problem. Ziel der Arbeit im Sesselkreis ist es, einen Aspekt des Lebens – z. B. Abschied, Trauer – aufzunehmen und durchzuspielen, »durchzuspüren«, durchzusingen, »durchzubewegen« … Wer dann weiter gehen will und dezidiert christliche Vorstellungen einbringen möchte, wird sich überlegen, ob das für die Gruppe angemessen und passend ist. (Welche Konfession, welche Religion bringen die Kinder mit?)

Mir ist in der religionspädagogischen Arbeit im »Sesselkreis« wichtig geworden, dass die Kinder sich bewegen können. Ich sitze mit ihnen lieber auf dem Boden als auf den Stühlen / Sesseln. Ich stehe mit ihnen gern beim Singen.

Religionspädagogische Arbeit im Sesselkreis rührt an Emotionen: Zu den Themen gehören: Angst, Abschied, Bin ich recht, so wie ich bin? Manche Kinder werden sich nicht einlassen in das Spiel – »Es wird ganz eng um mich herum« (siehe Ostern heißt: Keine Angst, keine Angst!). Sie dürfen gern in der Zuschauerrolle bleiben und werden dabei ebenso die Gefühle durchleben wie die Kinder, die sich mutig in die Mitte stellen.

Religionspädagogische Arbeit im Sesselkreis ist voll Überraschungen: Was ich vorbereitet habe und hineinbringe, machen die Kinder manchmal – indem sie es weiter entwickeln, verändern, damit umgehen – so schnell zu ihrem Eigenen, dass ich kaum nachkomme. (Siehe die Einheit für Ostern, die Arbeit mit den Jüngeren).

Wenn die Kinder am Ende ihrer Kindergartenzeit hinausgehen und mitnehmen: »Wunderbar bin ich gemacht« und: »Wunderbar bist du gemacht«, dann hat die religionspädagogische Arbeit im Kindergarten ihr Ziel erreicht.

Wien, im Dezember 2009   *Christine Hubka*

6.1.   Kunterbunt ist unsere Welt

Zur Einstimmung

Kinder lieben es, andere nachzumachen. Was der Freund hat, will Fritz auch haben. Was die Freundin anzieht, will Sarah auch anziehen. Kinder sind so sehr Moden unterworfen wie Erwachsene.

Die folgende Einheit hat das Ziel, den Kindern bewusst zu machen, dass ihre Individualität etwas Kostbares ist und dass von jedem, auch von Außenseitern Interessantes zu lernen und zu übernehmen ist.

Sie eignet sich besonders für multikulturelle Gruppen, in denen Migrantenkinder oder Kinder aus einer anderen Schicht noch nicht voll in die Gruppe integriert werden konnten.

Beitrag zur Sprachentwicklung: Farben benennen.

Was Sie brauchen

– Pro Kind ein rotes Blatt A4 mit einem aufgezeichneten »Wichtelschuh« →
  Kopiervorlage
– Pro Kind mehrere bunte Markierungspunkte

Ablauf

1. Geschichte erzählen: Die grünen Schuhe → G

2. Die Geschichte aneignen

Jedes Kind bekommt ein rotes Blatt mit aufgezeichnetem »Wichtelschuh« und einige Markierungspunkte. Es kann seinen Schuh mit Punkten verzieren.

3. Singen

Die Kinder lernen das Lied »Kunterbunt« → **L**

G: Die Geschichte von den grünen Schuhen

Auf einer Waldlichtung lebten viele Wichtel. Den ganzen Tag spielten sie mit den Schmetterlingen. Die Bienen brachten ihnen Honig. Die Maikäfer machten für sie Musik gemeinsam mit den Vögeln. Die Wichtel spielten miteinander. Manchmal hatten die einen Lust zu singen, dann tanzten die anderen dazu. Wenn sie müde waren, ruhten sie sich im Schatten eines großen Parasolpilzes aus und erzählten einander Geschichten.

Eines Tages kam ein fremder Wichtel zu ihnen. Er sah genauso aus wie alle anderen Wichtel. Er hatte eine gelbe Zipfelmütze auf dem Kopf. Er hatte ein braunes Jäckchen und eine braune Hose an. Der fremde Wichtel sagte freundlich: »Hallo, ich bin der Leopold.« Neugierig liefen die Wichtel zu ihm hin. Schon wollte einer ihm die Hand hinstrecken, um ihn zu begrüßen. Da hielt ihn ein anderer zurück. Er zeigte mit dem Finger auf die Schuhe von Leopold. Alle Wichtel schauten auf Leopolds Schuhe. Alle Wichtel zeigten mit den Fingern Leopolds Schuhe.

Leopold hatte grüne Schuhe an. Alle anderen Wichtel aber hatten rote Schuhe. Die Wichtel schüttelten die Köpfe. »Einer mit grünen Schuhen passt nicht zu uns. Bei uns auf der Wichtelwiese haben alle rote Schuhe an.« So blieb Leopold allein auf der Wichtelwiese. Niemand ließ ihn mittanzen. Wenn die anderen ein Lied sangen und Leopold ein wenig mitsummte, hörten die Wichtel zu singen auf. Wenn er sich unter einen Parasolpilz in den Schatten legte, legte sich niemand dazu.

Weil Leopold immer allein war, hatte er viel Zeit zum Nachdenken. Er dachte: »Wenn ich meine Schuhe ausziehe und barfuß gehe, vielleicht mögen mich dann die anderen Wichtel und ich kann mit ihnen spielen und tanzen.« Leopold zog sich also die Schuhe aus. Aber der Boden der Waldlichtung war stachelig und steinig. Leopold konnte nur ganz langsam gehen, weil er immer aufpassen musste, wo er hintrat. Die anderen Wichtel sahen von Weitem zu und fanden das sehr komisch. Als Leopold bemerkte, dass sie ihn auslachten, zog er seine grünen Schuhe wieder an. »Es nützt ja nichts«, dachte er und blieb weiter allein.

Eines Morgens, als alle Wichtel noch schliefen, fand Leopold vor seinem Moosbett, das er sich in einer Ecke gemacht hatte, ein paar rote Schuhe. Ein Wichtel hatte sie ihm in der Nacht heimlich hingestellt. Leopold hüpfte vor Freude. »Jetzt habe ich auch rote Schuhe. Jetzt wird alles gut!«, freute er sich. Schnell zog er seine grünen Schuhe aus und schlüpfte in die roten Schuhe hinein. Aber leider – sie passten ihm überhaupt nicht! Als er nur ein paar Schritte gegangen war, bildeten sich auf seinen Fersen dicke Blasen. Die kleine Zehe am linken Fuß bekam ein Hühnerauge. Und der Nagel auf der rechten großen Zehe wurde blau. Leopold musste die fremden roten Schuhe wieder ausziehen, weil seine Füße brannten und schmerzten. Traurig blieb er in seiner Ecke allein.

Eines Tages kam wieder ein fremder Wichtel auf die Wiese. »Hallo, ich bin der Fridolin«, rief er. Alle Wichtel kamen angelaufen. Und da sahen sie: Friedolin hatte blaue Schuhe an. Die Wichtel drehten sich um und gingen weg, ohne Fridolin zu begrüßen. Nur einer reichte ihm die Hand: Leopold sagte: »Schön, dass du da bist, Fridolin. Ich will dein Freund sein.«

Leopold und Fridolin spielten miteinander. Sie saßen miteinander unter dem Schirm des Parasolpilzes. Sie erzählten einander Geschichten. Leopold und Fridolin wurden gute Freunde. Eines Tages sagte Fridolin zu Leopold: »Ich hab dich so gern, ich möchte dir etwas schenken.« Er schenkte Leopold blaue Punkte. Leopold nahm die blauen Punkte und klebte sie auf seine grünen Schuhe. »Jetzt kann jeder sehen, dass du mein Freund bist«, sagte er. Dann schenkte Leopold dem Fridolin grüne Punkte. Und Fridolin klebte auf seine blauen Schuhe grüne Punkte.

Aus den Augenwinkeln beobachtete die anderen Wichtel, wie Fridolin und Leopold einander die Punkte schenkten. Aus den Augenwinkeln sahen sie, wie Fridolin und Leopold die Punkte auf die Schuhe klebten. Die Schuhe sahen sehr bunt und sehr lustig aus. Einer unter den Wichteln, Gottfried, war besonders mutig. Er ging zu Leopold und Fridolin hin und sagte:»Kann ich bitte auch einen blauen und einen grünen Punkt haben?« Da freuten sich Leopold und Fridolin und schenkten Gottfried grüne und blaue Punkte. Gottfried klebte sie auf seine Schuhe.

»Hast du rote Punkte für uns?«, fragte Leopold. Gottfried holte aus seiner Höhle rote Punkte. Und schenkte sie Leopold und Fridolin. Dann ging er mit seinen roten Schuhen, die nun blaue und grüne Punkte hatten zu den anderen Wichteln zurück. Als die Wichtel das nächste Mal im Reigen tanzten, rief Gottfried zu Leopold und Fridolin hinüber: »Kommt, wollt ihr mittanzen?« Nach dem Tanzen, als alle müde im Gras lagen, schenkten Fridolin und Gottfried den anderen Wichteln grüne und blaue Punkte. Und als eines Tages ein neuer Wichtel auf die Wichtelwiese kam, der gelbe Schuhe anhatte, da begrüßen ihn die Wichtel und fragten:»Hast du uns gelbe Punkte mitgebracht?«

K: Kopiervorlage Wichtelschuh

L:

Kunterbunt

Text und Melodie: Christine Hubka

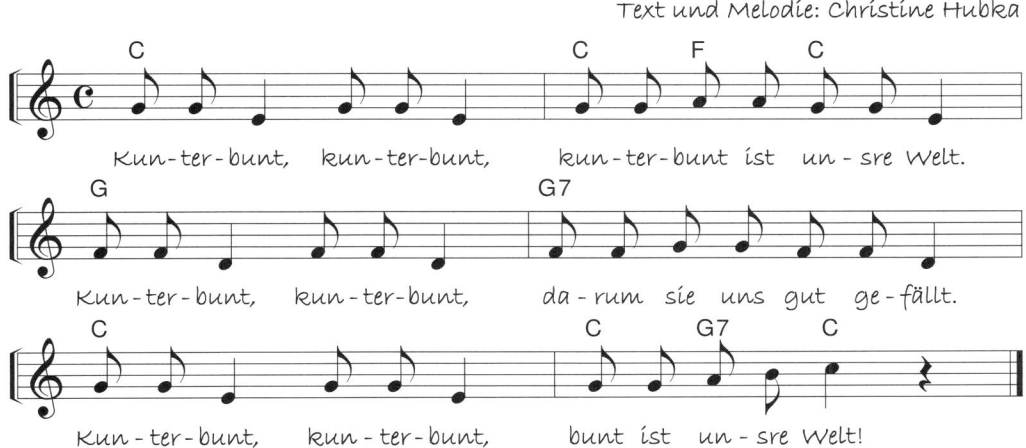

Kun-ter-bunt, kun-ter-bunt, kun-ter-bunt ist un-sre Welt.

Kun-ter-bunt, kun-ter-bunt, da-rum sie uns gut ge-fällt.

Kun-ter-bunt, kun-ter-bunt, bunt ist un-sre Welt!

Für die Jüngeren

1. Bunt der Schopf, bunt der Schopf von dem Wiedehopfe.

   Bunt der Schopf, bunt der Schopf, er trägt ihn am Kopfe.

   Kunterbunt, kunterbunt, bunt ist unsere Welt.

2. Grün und blau, grün und blau ist des Pfauens Feder.

   Grün und blau, grün und blau, drum mag sie ein jeder.

   Kunterbunt … Welt.

3. Sonnengelb, sonnengelb reiften die Bananen.

   Sonnengelb, sonnengelb, aus Afrika sie kamen.

   Kunterbunt … Welt.

4. Leuchtend rot, leuchtend rot locken die Tomaten.

   Leuchtend rot, leuchtend rot wachsen sie im Garten.

   Kunterbunt … Welt.

5. Groß und grau, groß und grau ziehn die Elefanten.

   Groß und grau, groß und grau, Onkeln und auch Tanten.

   Kunterbunt … Welt.

Für die Älteren

1. Seht das Kro-, seht das Kro-, seht das Krokodil an an.

   Grün und braun, grün und braun zieht es sich im Nil an.

   Kunterbunt … Welt.

2. Seht den Frosch, seht den Frosch, grün sind seine Strümpfe.

   Seht den Frosch, seht den Frosch, er bewohnt die Sümpfe.

   Kunterbunt … Welt.

3. Rot und grau, rot und grau ist das Fell der Katze.

   Aber weiß, aber weiß Schwanzspitze und Tatze.

   Kunterbunt … Welt.

4. Sonnengelb, sonnengelb zeigt uns die Zitrone,

   dass viel Saft, dass viel Saft in ihr innen wohne.

   Kunterbunt … Welt.

5. Schmetterling, Schmetterling hat zwei blaue Flügel.

   Schwebt damit, schwebt damit weit über die Hügel.

   Kunterbunt … Welt.

6. Wie die Nacht, wie die Nacht schwarz sind unsere Raben.

   Aber sie, aber sie gelbe Schnäbel haben.

   Kunterbunt … Welt.

7. Seht am Himmel, seht am Himmel steht der Regenbogen.

   Bunt ist er, bunt ist er und ganz weit gezogen.

   Kunterbunt … Welt.

6.2.   Ich habe einen Namen

Zur Einstimmung

Der eigene Name ist wichtig. Junge Kinder sind auf ihren Namen stolz, er gibt ihnen Identität.

Wenn ein Kind im Lauf des Kindergartenjahres neu in den Kindergarten kommt, ist es mit vielen neuen Namen konfrontiert. Die anderen Kinder sollen den Namen des Neuankömmlings möglichst schnell kennen und auch gebrauchen, das ermöglicht schnelles Einfügen in die Gruppe.

Die Art, wie ein Name ausgesprochen wird, spricht Bände: Hat die Stimme, die den Namen sagt, einen warmen, weichen Klang, kommt das bloße Aussprechen des Namens einer Liebeserklärung gleich. Ist der Ton scharf, kommuniziert das Aussprechen des Namens »Stopp! Hör auf!« Man kann den Namen auch so modulieren, dass die Frage im Raum steht: »Was machst du da?« Der geflüsterte Name signalisiert, dass etwas Geheimnisvolles zu erwarten ist. Der gerufen Name kann ein Gruß sein, eine Aufmunterung beim Wettkampf …

In der Bibel sagt Gott: »Ich habe dich bei deinem Namen gerufen, du bist mein.« (Jes 43,1b) Das könnte Furcht, Angst vor Unfreiheit, vor ständiger Kontrolle auslösen. Dieser Satz wird aber eingeleitet mit: »Fürchte dich nicht, ich habe dich erlöst.«

Kinder haben feine Ohren für die Nuancen, mit denen ihr Name ausgesprochen wird. Das Lied → **L** spielt mit diesen Erfahrungen und unterstützt das Lernen (neuer) Namen.

Dieses Lied kann auch bei einem Gottesdienst zur Tauferinnerung gesungen werden, da in der Taufe das Kind mit seinem Namen angesprochen wird.

Beitrag zur Gruppenentwicklung: Die Kinder lernen die Namen der Kinder in der Gruppe; sie erleben, dass sie als Person beim Nennen des eigenen Namens Aufmerksamkeit und Bedeutung bekommen.

Beitrag zur Sprachentwicklung: Die unterschiedlichen Artikulationsmöglichkeiten eines Wortes, hier eines Namens, werden benannt und erprobt.

Das Lied

Fürchte dich nicht

Text und Melodie: Christine Hubka

Fürch-te dich nicht! Fürch-te dich nicht! Gott ruft dich beim Na-men.

Fürch-te dich nicht! Fürch-te dich nicht! Wir ru-fen jetzt zu-sam-men.

besteht nur aus einer kurzen Strophe:

> Fürchte dich nicht, fürchte dich nicht, Gott ruft dich beim Namen.
>
> Fürchte dich nicht, fürchte dich nicht, wir rufen (flüstern, schreien …) jetzt zusammen: …

Jetzt wird der Name des Kindes gerufen: z. B. »Anna«

Das Spiel

Ein Kind hockt in der Mitte des Kreises, das Gesicht mit den Händen verdeckt oder den Kopf mit den Armen. Es ist »unsichtbar«.

> (Vielleicht muss das beim ersten Mal die Pädagogin oder die Assistentin sein).
>
> Die anderen Kinder reichen einander die Hände und gehen im Kreis herum, während sie singen: Fürchte dich nicht …
>
> Dann bleiben sie stehen und rufen den Namen des Kindes: »Anna«

Anna schaut auf, steht auf.

> Die Pädagogin gibt nun vor, in welcher Weise der Name diesmal ausgesprochen wird: Flüstern, zwitschern, singen, sprechen, kreischen, kichern …
>
> Die Kinder gehen noch einmal singend um die nun stehende Anna herum und artikulieren den Namen in der vorgegebenen Weise.

Dann kommt ein anderes Kind in den Kreis.

6.3.   Loslassen – Zur spielzeugfreien Woche

Zur Einstimmung

Kinder wollen »haben«. Sie wollen vor allem »auch haben«. Wenn sie jemanden essen sehen, wollen sie auch essen. Was immer ein anderes Kind Neues hat, wird augenblicklich interessant.

Kinder haben viele Sachen. So viele, dass sie dabei den Überblick verlieren, sich nur schwer zurechtfinden, oft gar nicht mehr so genau wissen, was sie alles haben.

Im Kindergarten hat es sich bewährt, die »Spielzeugfreie Woche« einzuführen. Im Kirchenjahr empfiehlt sich dafür die Passionszeit. Aber auch zu jeder anderen Zeit kann man so eine spielzeugfreie Woche anbieten. Die Erfahrung hat uns gelehrt: Besser noch sind zwei spielzeugfreie Wochen!

Es empfiehlt sich, vor der ersten Woche einen Elternabend zum Thema anzubieten. Die Spielzeugfreie Woche fordert die Kreativität der Kinder ganz neu heraus. Wenn am Freitag vor der spielzeugfreien Woche alle Spielsachen gemeinsam weggeräumt werden, wenn am Montag dann nur noch formbare und verwertbare Materialien, aber kein gewohntes Spielzeug mehr da ist, verändert sich das Verhalten der Kinder.

Sie entdecken, was man mit Klopapier-Rollen, Joghurtbechern und Ähnlichem alles basteln und bauen kann. Sie verkleiden sich mit Tüchern, Kappen, und Textilien aller Art. Sie kneten, malen und formen. Sie spielen Rollenspiele. Ihre Interaktionen verändern sich.

Bei den Jüngeren dauert es ein bisschen, bis sie in Gang kommen. Die Älteren zeigen ihnen, wie es geht, was man alles machen kann.

Wichtig ist, dass in der Zeit davor genug Material – auch mit Hilfe der Eltern – gesammelt wurde. Alles kann verwertet werden: Von Abfällen aus Plastik (gut gewaschen) bis Zimtstangen(und andere interessant geformte Materialien aus der Küche).

Beitrag zur Körpererfahrung: Den Unterschied spüren zwischen »festhalten« und »loslassen«. Und die Freude, die das Loslassen macht.

Vorbereitung

– Pro Kind ein unzerbrechliches Spielzeug: Stofftier, Puppe, Kissen ...

– Einen Teller mit Apfelstücken, Gurkenscheiben, Karottensticks o. ä.

Ablauf

Die Kinder sitzen im Kreis. Jedes Kind hat ein Spielzeug am Schoß. / Die Pädagogin erzählt und spielt die Geschichte → **G**.

Die Kinder spielen »den Bären« / Singen: Haben, haben, ich will alles haben → **L**

G: Das Spiel vom Bären, der immer mehr haben wollte

Es war einmal ein Bär der ging durch den Wald. Er dachte: »Ich hätte gern eine Puppe (oder irgendein Spielzeug, das ein Kind im Kreis hat).« Da sah er NN (Name des Kindes, das die Puppe hat) und ging zu ihr / ihm und bat: »Darf ich die Puppe haben? Ich wünsche mir schon so lange eine Puppe!«

Das Kind gibt die Puppe her.

Der Bär freute sich über die Puppe. Er spielte mit der Puppe. Aber dann dachte er: »Wenn ich auch noch eine Stoffschlange hätte, ein Kissen ... – dann könnte ich besser spielen.«

So sammelt der Bär alle Spielsachen ein, die die Kinder am Schoß haben.

Die Kinder merken bald, wie komisch das ist. Der »Bär« in Person der Pädagogin hat bald Schwierigkeiten, alles zu tragen, alles zu halten.

Wenn der Bär alles eingesammelt hat, bekommt er Hunger. Die Helferin reicht ihm den Teller mit den Apfel- oder Karottenstücken. Aber der Bär hat keine Hand frei, um sich zu bedienen. Er fragt die Kinder, was er tun soll. Sie wissen Rat: Sie rufen: »Lass einfach alles los!« Der Bär lässt alles fallen, und bedient sich beim Essen.

Nun darf ein Kind den Bären spielen.

Die anderen Kinder nehmen wieder ein Spielzeug. / Die Pädagogin erzählt die Geschichte. / Zum Schluss lässt der »Bär« alles fallen, nimmt sich ein Stück vom Teller.

Dieses Spiel wird so lange gespielt, als Kinder in die Rolle des Bären schlüpfen wollen. Zur Auflockerung kann man den Bären auch singen lassen: Haben, haben, ich will alles haben.

L:

Text und Melodie: Christine Hubka

2. Tragen, tragen, ich muss alles tragen!

Schöne Sachen, gute Sachen,

Sachen, die mir Freude machen.

Tragen, tragen, ich muss alles tragen.

3. Lassen, lassen, ich kann alles lassen!

Schöne Sachen, gute Sachen,

Sachen, die mir Freude machen.

Lassen, lassen, ich kann alles lassen.

4. Wählen, wählen, ich kann immer wählen!

Haben wollen, tragen müssen,

lassen und mich nicht mehr quälen.

Wählen, wählen, ich kann immer wählen.

6.4.   Ostern heißt: »Keine Angst, keine Angst!«

Zur Einstimmung

Der Glaube an die Auferstehung Jesus und die Auferstehung »des Fleisches« ist das Zentrum des christlichen Glaubens. Zugleich ist es auch »den Juden ein Ärgernis und den Griechen eine Torheit;« (Röm 10,12)

Die Kinder werden Ostern wohl zuallererst mit dem »Osterhasen«, mit Eiersuchen und manchem Schmuck im Haus (Osterbusch, ausgeblasene und bemalte Eier …) verbinden. Wenn man von Ostern als dem Fest der Auferstehung Jesu spricht, setzt das ein Wissen über die Passionsgeschichte und die Kreuzigung Jesu voraus.

Die Erarbeitung der Passionsgeschichte sollte jedoch m. E. dem Religionsunterricht in der Grundschule vorbehalten sein. Für Kinder im Kindergarten halte ich sie wegen ihrer Komplexität nicht geeignet. Eine simple Darstellung scheint mir zwar möglich zu sein, dürfte aber langfristig mehr schaden als nützen.

Ostern ist der Kern der biblischen Botschaft. Mit der Botschaft »Gott hat Jesus, der getötet wurde, auferweckt« sind die Apostel zu den Menschen gegangen. Paulus hat das in einer Art Analogieschluss auf die Getauften der Gemeinden in Korinth und Thessalonich bezogen. So kann man es wagen, in einem paradox-spannungsvollen und sehr kurzen Merksatz die Botschaft von der Auferstehung heute so zu formulieren: »Gott will, dass du lebst, auch wenn du stirbst«. Zum Tod gehört die Angst, auch wenn Helden aller Zeiten behaupten, keine Angst zu haben. Den Tod zu fürchten, auf seine Annäherung mit Schrecken und Panik zu reagieren, gehört zur natürlichen und kreatürlichen Ausstattung des Menschen.

So betrachtet ist Ostern ein Fest gegen die Angst (mit und ohne vorausgeschickter Leidensgeschichte Jesu). »Keine Angst, keine Angst, Gott will, dass du lebst!«, wäre die Abwandlung des obigen Merksatzes. Für die Kinder genügt der erste Teil: Ostern heißt: »Keine Angst, keine Angst«.

Denn: Kinder haben Angst. Mehr Angst, als wir Erwachsenen manchmal ahnen. Schon Babys haben schlimme Träume – und können sie nicht einmal erzählen. Ältere Kinder leben auch unter den idealsten Bedingungen dennoch in einer Welt, die viele Ängste entstehen lässt: Wird die Mutter, der Vater, schimpfen, weil ich dies oder das gemacht habe? Wird mein Freund, mit dem ich gerade zerstritten bin, mich trotzdem zu seinem Geburtstagsfest einladen? Wird das Wetter morgen gut genug sein, um den geplanten Ausflug zu machen? Wird meine Mama mich auch wirklich jeden Tag und immer aus dem Kindergarten abholen? Wird von allem, was mir wichtig ist, genug für mich da sein, auch wenn ein Geschwisterchen jetzt neu bei uns wohnt? Werde ich Anerkennung bekommen, wenn ich etwas zeichne, bastle? Bin ich groß genug, klug genug, hab ich die richtigen Dinge, die mir Prestige bei meinen Freunden bringen? – Kinder werden das so nicht ausdrücken. Aber die Ängste sind da. Darum auch die Freude an dieser Einheit.

Die Verdoppelung war im Grundentwurf dieser Einheit nicht vorgesehen. Sie wurde von den Kindern während der gemeinsamen Arbeit eingebracht. Dabei haben sie diesen doppelten Ruf gegen die Angst mit viel Bewegung, mit Hüpfen und Klatschen begleitet und konnten gar nicht genug bekommen. Die Liedstrophen zum Lied »Keine Angst, keine Angst« → S. 31 wurden davon nachträglich inspiriert.

Beitrag zur Körpererfahrung: Angst erfasst den ganzen Körper. Wenn die Angstwelle abklingt, ist auch das eine Erfahrung des ganzen Körpers. Kinder reagieren bei Angst mit Erstarrung oder mit heftiger, übertriebener Motorik. Diese Einheit arbeitet mit dem bewussten Erstarren und Loslassen der Erstarrung.

Vorbemerkung

Bei dieser Einheit braucht es zu Beginn zwei Erwachsene: Einen Erzähler, eine Erzählerin und ein Person, die beengt, bedrängt wird. Danach kann jeweils ein Kind die Rolle der / des Bedrängten freiwillig übernehmen.

Ablauf (Variante für die Älteren)

Die Kinder stehen in einem großen lockeren Kreis. Je größer und lockerer desto besser. Im Kreis drinnen geht eine Person.

Die Erzählerin, der Erzähler berichtet, wie diese Person fröhlich spazieren geht. Es geht ihr gut. Aber dann rückt etwas, was Angst macht, immer näher. Diese Angst soll nicht konkretisiert werden! Dabei gehen die Kinder gemeinsam mit der Erzählerin, dem Erzähler im Kreis immer enger zusammen. Der freie Raum für die Person in der Mitte wird immer kleiner. Irgendwann hockt sich die Person in der Mitte hin und schützt den Kopf mit den Händen. Das ist der Moment, wo die Kinder, die jetzt ganz dicht um die Person herum stehen, auch noch ihre Arme über die Hockende strecken. Jetzt ist sie ganz in einer (Grabes-)Höhle eingeschlossen.

Die Erzählerin ruft: »Ostern heißt: Keine Angst, keine Angst, Gott will, dass du lebst!«

Darauf springen die Kinder zurück und geben die Person wieder frei. Diese steht auf, reckt und streckt sich und tritt in den großen Kreis.

Nun geht ein Kind in die Mitte. Das Spiel wiederholt sich.

Wenn die Erzählerin ruft: »Ostern heißt:«, stimmen die Kinder mit ein: »Keine Angst, keine Angst, Gott will, dass du lebst!«

Das Spiel wird so oft wiederholt, bis alle Kinder, die das wollen, in der Mitte gewesen sind.

Anschließend wird das Lied gesungen: »Keine Angst, keine Angst« (siehe Ostergottesdienst → S. 31)

Variante für die Jüngeren

Bei dieser Variante wird mit einzelnen Kindern gearbeitet. Die Gruppe sitzt im Sesselkreis, hört die Geschichte von Peggy und dem großen Hund und sieht zu. → **G**

Das Spiel wird so oft wiederholt, bis alle Kinder, die gern mitmachen wollen, dran gewesen sind.

Danach wird das Lied »Keine Angst, keine Angst« gelernt und mit Bewegungen gesungen.

G: Die Geschichte von Peggy und dem großen Hund

Ein Kind wird eingeladen, Peggy, einen ganz kleinen Hund, zu spielen. Dieses Kind befindet sich als Peggy innerhalb des Sesselkreises.

Peggy ist ein lieber kleiner Hund. Sie ist immer freundlich. Sie läuft im Sesselkreis herum. Geht zu einem Kind hin. Setzt sich auf die Hinterpfoten. Sie sagt ganz freundlich: »Wau, wau. Ich heiße Peggy!« Dann läuft sie wieder weiter. ...

Auf einmal kommt ein großer schwarzer Hund auf sie zu. Der knurrt ganz böse. Sein Knurren sagt Peggy: »Jetzt werde ich dich gleich ganz fest beißen. Denn ich mag es nicht, wenn da, wo ich bin, ein anderer Hund ist.« Der große Hund ist noch ganz weit weg. Aber Peggy hat schreckliche Angst.

Das Kind, das Peggy darstellt, soll sich jetzt darstellen, wie Peggy sich fürchtet. Es wird sich klein machen, starr werden.

Da kommt zum Glück der Besitzer, die Besitzerin von dem großen Hund. Er / sie nimmt den Hund an die Leine und geht mit ihm weg. Aber Peggy sieht das nicht, denn sie hat vor lauter Angst die Augen zugemacht.

Ein Kind geht jetzt zu »Peggy«, und hat die Aufgabe, sie aus ihrer Erstarrung und ihrer Angst heraus zu holen. Die Kinder, auch die ganz jungen, wissen, wie das geht!

Dann rufen alle: »Ostern heißt: Keine Angst, keine Angst!« (und hüpfen herum).

Das Lied »Keine Angst, keine Angst« wird gesungen.

6.5.   Reformation: Martin und die Nuss

Zur Einstimmung

In den österreichischen Kindergärten, ganz gleich, ob sie konfessionell geführt sind oder von der öffentlichen Hand betrieben werden, ist das sogenannte »Martinsfest« am 11. November fixer Bestandteil des Kindergartenjahres. Dazu werden Laternen gebastelt, Laternenumzüge in der frühen Dunkelheit des Novembers in Parks und Gärten gemacht. Darum wird dieses Fest manchmal auch »Laternenfest« genannt. Die Geschichte vom »Heiligen Martin«, der seinen Mantel mit dem armen Bettler geteilt hat, wird in unüberschaubaren Variationen erzählt. Immer wieder haben mich die Kinder nach der Sinnhaftigkeit dieses Tuns, den Mantel zu zerschneiden, gefragt. »Wenn der so reich war, hatte er doch sicher einen zweiten Mantel. Warum hat Martin dem Armen Bettler nicht seinen zweiten Mantel gegeben?« Ich muss gestehen, dass ich mich der Sichtweise der Kinder anschließe.

Da unser Kindergarten von der Evangelischen Pfarrgemeinde an der Pauluskirche betrieben wird, habe ich den Kindern die Geschichte vom »anderen Martin« als Vorbereitung auf das Laternen- und Martinsfest im Sesselkreis erzählt. Alles spricht dafür: Der Name Martin, da Martin Luther am 11. November getauft wurde. Das Licht des Evangeliums, das die Dunkelheit durchbricht. Die Freude an der biblischen Botschaft, die ohne die (zumindest) merkwürdige moralische Aufforderung, im Notfall auch den Mantel zu teilen, auskommt.

Dazu ist die autobiographische Geschichte von der Nuss, die Martin Luther als kleiner Bub gestiebitzt hat. Luther berichtet von den heftigen Schlägen, die er daraufhin bekommt, und wie er tagelang Angst hatte – vor Schlägen und auch vor Gott, der ja nach damaliger Sicht alles, auch das kleinste Vergehen gesehen, registriert und bestraft hat. Ich habe in meiner Geschichte die Schläge in »sehr böse sein«, »nicht mehr mit dem Kind reden« abgewandelt. Die Spannung der Kinder war dennoch hoch.

Das Licht des Evangeliums hat ihm dann die Angst genommen, etwas falsch zu machen.

Beitrag zum Gottesbild: Die Kinder erleben, dass Menschen nachtragend sind. Gott wird als jemand erlebt, besungen, gefeiert, der einen neuen, unbelasteten Anfang ermöglicht.

Was Sie brauchen

– Pro Kind eine Walnuss

– Eine möglichst große Bibel

– Eine Kerze auf einem Leuchter

– Die Kinder lernen (u.U. nur den Refrain): »Fehler, Fehler …« → L

G: Die Geschichte

Martin war 5 Jahre alt. Aber er ging nicht in den Kindergarten. Er lebte mit seinen Geschwistern in Deutschland vor 500 Jahren!

Für die Jüngeren: Frage an die Kinder: Wer kennt einen Martin? Wer ist fünf Jahre alt?

Wenn Martin spielte, dann hatte er kein Lego, keine Spielautos. Wenn seine Schwestern spielten, hatten sie keine Puppen. Wenn die Mutter das Essen für die Familie kochte, holte sie Holz aus dem Schuppen und machte in einem Küchenherd, der so groß war wie dein Bett, ein Feuer. Dann erst konnte sie das Essen kochen. Das Wasser holten sie vom Brunnen im Hof, den Salat aus dem Garten, die Kartoffeln vom Feld.

Martin und seine Geschwister haben in ihrem ganzen Leben keine Schokolade, kein Bonbon, kein Gummibärchen, kein Kaugummi gegessen. Wenn sie besonders brav waren, bekamen sie einen Apfel oder – und das war etwas ganz Besonderes – eine Nuss zum Naschen.

Eines Tages wollte Martins Mutter einen Kuchen backen. Sie legte alle Zutaten für den Kuchen auf den großen Küchentisch: Das Mehl in der Schüssel. Das Schmalz im Topf. Die Nüsse im Korb. »Oh, ich hab die Eier vergessen«, sagte sie und lief in den Hühnerstall.

Martin blieb zurück. Auf dem Tisch stand der Korb mit den Nüssen. Lange schon hatte Martin keine Nuss bekommen. Er dachte: »So viele Nüsse. Niemand wird es merken, wenn eine fehlt.« Martin nahm eine Nuss. Knackte sie auf. Steckte sie in den Mund. Ach, die schmeckte ja so gut! Genussvoll kaute er.

Bevor er noch daran denken konnte, die Nussschalen wegzuräumen, kam die Mutter aus dem Hühnerstall zurück, frische Eier in der Schürze. Sie sah gleich, was Martin gemacht hatte. Auf einmal schmeckte ihm das Stückchen Nuss gar nicht mehr, das er noch im Mund hatte.

Denn die Mutter war sehr böse, dass er die Nuss genommen hatte, ohne zu fragen. Sie war so böse, dass sie tagelang mit Martin nicht mehr redete. Martin hatte das Gefühl, dass es ganz dunkel wurde – in ihm und um ihn herum.

So war es immer, wenn die Mutter oder der Vater auf Martin böse waren. Da kam es Martin vor, als würde das Licht ausgehen. Alle sagten dann zu ihm, dass Gott auch böse ist auf ihn.

Die Mama und der Papa waren dann irgendwann nicht mehr böse, wegen der Nuss oder auch wegen anderer Sachen, die er anstellte. Die Mama und der Papa vergaßen irgendwann die Sache mit der Nuss und auch die anderen Sachen. Aber die Leute sagten: »Gott sieht alles. Gott vergisst nie.« Martin hatte Angst. Angst vor Gott, der doch nie vergisst. Oft war es dunkel in ihm drinnen vor lauter Angst.

Als er erwachsen wurde, begann er die Bibel zu lesen. Er konnte es zuerst nicht glauben, was er da las: »Wenn du etwas falsch machst und traurig drüber bist, zündet Gott ein Licht für dich an, damit du besser sehen und besser verstehen kannst und den Fehler nicht mehr machst.«

Niemand, den Martin kannte, wusste das damals. Von nun an tat er alles, um den Menschen diese gute Nachricht weiter zu sagen: Gott neigt sich zu dir, wenn du einen Fehler machst und sagt ganz freundlich: »Versuch es noch einmal!«

Kerze anzünden

Vertiefung

Jedes Kind bekommt eine Walnuss. Die darf es mit nach Hause nehmen.

Alle lernen das Lied: Fehler, Fehler, Menschen machen Fehler. Die Jüngeren evtl. nur den Refrain. → **L**

Wenn die Kinder das Lied können, gehen sie stampfend im Kreis, wenn sie den Refrain singen. Während der Strophen stehen sie.

Fehler, Fehler, Menschen machen Fehler

Text und Melodie: Christine Hubka

Refr.: Feh-ler, Feh-ler, Men-schen ma-chen Feh - ler. Das ge-hört da - zu!

Feh-ler, Feh-ler, Men-schen ma-chen Feh - ler. Ich und du und du und ich und

du. 1.Patsch, das Glas fällt um! Jetzt ist al - les nass! Da hilft kein Ge-

schrei. Wisch es ein - fach weg, den wer patzt, der putzt. Und dann

ist es auch vor - bei!

2. Bumms, jetzt liegst du da. Und der Schreck ist groß. Da hilft kein Geschrei.
   Eine Hand ist da, die dir aufstehn hilft. Und dann ist es auch vorbei.

3. Klirr, der Krug zerbricht. Es ist schade drum. Da hilft kein Geschrei.
   Kehr die Scherben auf, sag es tut mir leid. Und dann ist es auch vorbei.

4. Martin Luther hat es für uns entdeckt, ein für alle Mal:
   Wenn du Fehler machst, neigt sich Gott zu dir, sagt: Versuch es noch einmal!

6.6. Trauer und Abschied: Sammle meine Tränen (Ps 56,9)

Zur Einstimmung

Kinder sollen immer fröhlich sein. Kinderaugen sollen immer strahlen. Denn dann sind die Eltern gute Eltern. Dann ist die Arbeit im Kindergarten gelungen. Unsere Kinder stehen, um es plakativ zu formulieren, unter dem ständigen Druck, glückliche Kinder zu sein.

Aber: Kind-Sein ist nicht immer lustig. Zum Kind-Sein gehören Erfahrungen von Ohnmacht, Klein-Sein, Ausgeliefert-Sein. Zum Kind-Sein gehören auch Angst, Unsicherheit, unerfüllte Sehnsüchte (nicht nur nach noch einem Spielzeug). Zum Kind-Sein gehören unendlich lange Wartezeiten, Verunsicherungen in Raum und Zeit, Überforderungen. Kinder haben feine Sensoren und spüren Stimmungen, die Erwachsene vor ihnen verbergen wollen: den Streit zwischen den Eltern, die Sorge um den Arbeitsplatz, die Spannung vor einer entscheidenden Diagnose, einer gefährlichen Operation.

Kinder sollen nicht weinen! Wenn ein Kind getröstet wird, dann soll es möglichst schnell zu weinen aufhören. Wenn das gelingt, so meinen manche, ist das Kind auch schon getröstet.

Beitrag zur Sprachentwicklung: Emotionen benennen.

Was Sie brauchen:

Glaskrug mit mindesten mindestens einer bunten Glasmurmel pro Kind

Ablauf

In drei Varianten, je nach Situation

Variante A: Fluchtgeschichte

Im biblischen Psalm steht der Satz von den gesammelten Tränen im Kontext der Flucht. »Zähle die Tage meiner Flucht, sammle meine Tränen in deinen Krug; ohne Zweifel, du zählst sie.« (Ps 56,9).

Immer mehr Kindergärten betreuen Kinder mit Migrationshintergrund. Nicht alle sind nur »eingewandert«. Manche haben auch Fluchterfahrungen hinter sich.

Die Geschichte von David auf der Flucht vor Saul, der dem vermeintlichen Widersacher nach dem Leben trachtet, ist eine biblische Geschichte, die auch muslimischen Kindern erzählt werden kann. David gehört zu den im Islam anerkannten »Propheten«.

Die Geschichte von David und Saul wird erzählt oder vorgelesen. (Martina Steinkühler [Göttingen 2005]: Wie Feuer und Wind. Das Alte Testament Kindern erzählt. S. 154 ff. Der Höhepunkt ist auf S. 157).

Danach weiter erzählen

David flieht. Ist allein. Hat Angst. Weiß nicht, was er tun soll. Er weint. Er betet zu Gott: Gott, zähle die Tage meiner Flucht, sammle meine Tränen in deinen Krug; ohne Zweifel, du zählst sie. (Ps 56,9)

Ein Krug mit Glasmurmeln wird in die Mitte gestellt.

Davids Lied wird gelernt: Du sammelst meine Tränen → L

Gespräch über das Weinen

Wann die Kinder weinen. / Wie sich wWeinen anfühlt – wo im Körper. (Das können die Kinder!) Sie können auch vorspielen, wie sie es machen, wenn sie ihre Eltern mit Weinen unter Druck setzen! (Hab ich von meiner dreijährigen Enkelin gelernt!) Sie können auch unterscheiden, zwischen den verschiedenen Arten des Weinens: zornig, um etwas zu erreichen, aus Angst, aus Enttäuschung …

Zum Schluss bekommt jedes Kind eine Glasmurmel aus dem Krug überrecht mit den Worten: »Gott sammelt unsere Tränen in seinen Krug.«

Variante B: Unterstützung im Trauerprozess nach einem Todesfall

Ablauf wie Variante A; jedoch:

Bibelvers wird verkürzt eingesetzt: »Sammle meine Tränen in deinen Krug; ohne Zweifel, du zählst sie.«

Nach einem Todesfall kann das Bilderbuch vorgelesen werden: »Wo die Toten zu Hause sind.« (Christine Hubka, Wien, 2008 / 3: Wo die Toten zu Hause sind)

Anschließend wird überlegt, was für Erinnerungen die Tote / der Tote in Gottes Haus mitnimmt. Welche wir ihm oder ihr noch nachschicken.

Dann wird das Lied »Du sammelst meine Tränen« Str. 1–4 gesungen → L

Jedes Kind bekommt eine Glasmurmel.

Variante C: Nach einer schwierigen Trennung

(ein Kind muss plötzlich den Kindergarten verlassen, eine geliebte Mitarbeiterin fällt aus o. ä.)
Wie Variante A und Variante B.

Liedstrophen 1. und 2. Dazu 5. Strophe

Du sammelst meine Tränen

(Psalm 56, 9)

Text und Melodie: Christine Hubka

Du sam - melst, du sam - melst mei - ne Trä - nen. Du
sam-melst sie in deinen Krug. Du sam-melst, du sam-melst
mei - ne Trä-nen. Ei-nes Ta-ges sind es ge - nug!

2. Du nimmst, die jetzt trauern bei den Händen.

   Du gehst mit uns durchs dunkle Tal.

   Du nimmst, die jetzt trauern bei den Händen.

   Bis wir weinen zum letzten Mal.

Bei einem Todesfall:

3. Die hast eine Wohnung vorbereitet,

   in deinem Hause, wie Jesus sagt.

   Du hast eine Wohnung vorbereitet.

   Und nicht einer ist, der dort klagt.

4. Wir lassen ihn / sie nun ins Haus einziehen,

   wo alles vorbereitet ist.

   Wir lassen ihn / sie nun ins Haus einziehen.

   Wenn der Abschied auch sehr schwer ist.

Bei einem Abschied:

5. Wir lassen sie / ihn nun ihre / seine Wege gehen,

   weil du segnend bei ihr / ihm bist.

   Wir lassen sie / ihn nun ihre / seine Wege gehen.

   Wenn der Abschied auch traurig ist.